Wolfgang Stammler

Schillers Anthologie-Gedichte

Leseklassiker

Wolfgang Stammler

Schillers Anthologie-Gedichte

ISBN/EAN: 9783955630577

Auflage: 1

Erscheinungsjahr: 2013

Erscheinungsort: Bremen, Deutschland

Leseklassiker

KLEINE TEXTE FÜR VORLESUNGEN UND ÜBUNGEN
HERAUSGEGEBEN VON HANS LIETZMANN

93

SCHILLERS ANTHOLOGIE-GEDICHTE

KRITISCH HERAUSGEGEBEN

VON

DR. WOLFGANG STAMMLER

BONN
A. MARCUS UND E. WEBER'S VERLAG
1912

Die Anthologie-gedichte des jungen Schiller entbehrten bis jetzt, wie ja Schiller leider überhaupt, einer kritischen ausgabe, die den mannigfachen neuen funden seit GOEDEKE rechnung trägt; der neudruck der Anthologie durch FEDOR VON ZOBELTITZ (Berlin 1905) ist, ebenso wie der ältere durch E. BÜLOW (Heidelberg 1850), unbrauchbar, wie dies LEITZMANN in seiner wertvollen besprechung im Euphorion bd. XV, s. 217 ff. ausgeführt hat. Die dort aufgestellten prinzipien für eine kritische edition sind der folgenden ausgabe zugrunde gelegt, d. h. die orthographie ist von den setzerwillkürlichkeiten gereinigt worden (wobei ich mitunter weiter gegangen bin, als Leitzmann vorschlägt), die „unglaublich verworrene, rohe und vielfach bis zur sinnlosigkeit gehende“ interpunktion aber habe ich energisch modernisiert und hoffe damit zum verständnis der gedichte wesentlich beigetragen zu haben.

Die lesarten verfolgen die überlieferung bis zu Schillers ersten gesamtausgaben (1800 ff.), in deren form die gedichte ja jetzt in jeder neueren sammlung vorliegen. Handschriften nochmals zu vergleichen, war mir nicht möglich; ich habe mich dabei auf die treue und zuverlässigkeit GÜNTTERS, HOEFERS, WELTRICHS und WITKOWSKIS verlassen müssen. Die reihenfolge der gedichte ist die der Anthologie; zur schnelleren orientierung ist am schlusse ein register nach den anfängen beigegeben. Im anhange habe ich vereinigt: Widmung und vorrede Schillers zur Anthologie, sowie seine selbstrezension im 'Wirtembergischen Repertorium'; willkommen ist vielleicht auch die vorrede des verlegers METZLER zur zweiten, ohne Schillers wissen veranstalteten auflage von 1798 (sonst für die textkritik wertlos), in der zuerst bestimmte chiffern für Schiller in anspruch genommen werden. Die streitfragen über die verfasserschaft habe ich nochmals genau durchgeprüft und lege darüber rechenschaft ab in dem verzeichnis der mitarbeiter nach chiffern und namen, das ich im anhang V gebe. Einzelliteratur anzuführen, hielt ich für überflüssig; nur bei einigen strittigen textstellen habe ich die belege für die verschiedenen anschauungen beigefügt. Im übrigen wird der interessierte leser natürlich in erster linie zu MINORS und WELTRICHS biographien greifen müssen.

Hannover, 18. januar 1912.

Dr. Wolfgang Stammler.

I

Die Journalisten und Minos

1781

Mir kam vor wenig Tagen,
  Wie? fragt mich eben nicht,
Vom Reich der ewgen Plagen
  Die Zeitung zu Gesicht.

Sonst frag ich diesem Essen,
  Wo noch kein Kopf zerbrach,
Dem Freykorps unsrer Pressen
  Wie billig, wenig nach.

Doch eine Randgloß lokte
  Izt meinen Fürwiz an,
Denkt! wie das Blut mir stokte,
  Als ich das Blatt begann:

„Seit zwanzig herben Jahren
  (Die Post, versteht sich, muß
Ihr saures Stündchen fahren
  Hieher vom Erebus)

„Verschmachteten wir Arme
  „In bittrer Wassersnoth,
„Die Höll kam in Allarme
  „Und foderte den Tod.

„Den Styx kann man durchwaten,
  „Im Lethe krebset man,
„Fremd Charon mag sich rathen,
  „Im Schlamme liegt sein Kahn.

„Kek springen schon die Tode
  „Hinüber, jung und alt,
„Der Schiffer kommt vom Brode
  „Und flucht die Hölle kalt.

„Fürst Minos schikt Spionen
  „Nach allen Gränzen hin,
„Die Teufel müssen frohnen,
  „Ihm Kundschaft einzuziehn.

„Juhe! Nun ists am Tage!
  „Erwischt das Räubernest!
„Heraus zum Freudgelage!
  „Komm, Hölle, komm zum Fest!

1 Anth. s. 1—6

„Ein Schwarm Autoren spükte
„Um des Kozytus Rand,
„Ein Dintenfäßgen schmükte
„Die ritterliche Hand,

„Hier schöpften sie, zum Wunder,
„Wie Buben süssen Wein
„In Röhren von Hollunder,
„Den Strom in Tonnen ein.

„Husch! Eh sie sich's versahen,
„Die Schlingen über sie! —
„Man wird euch schön empfahen,
„Kommt nur nach Sanssouci.

„Schon wittert sie der König
„Und wezte seinen Zahn
„Und schnauzte drauf nicht wenig
„Die Delinquenten an.

„Aha! sieht man die Räuber?
„Weß Handwerks? Welches Lands?
„„Sind teutsche Zeitungsschreiber!""
„Da haben wir den Tanz!

„Schon hätt ich Lust, gleichbalden
„Euch, wie ihr geht und steht,
„Bei'm Essen zu behalten,
„Eh euch mein Schwager mäht.

„Doch schwör' ichs hier bei'm Styx,
„Den eure Brut bestahl!
„Euch Marder und euch Füchse
„Erwartet Schand und Qual!

„So lange, bis er splittert,
„Spaziert zum Born der Krug!
„Was nur nach Dinten wittert,
„Entgelte den Betrug!

„Herab mit ihren Daumen!
„Laßt meinen Hund heraus!
„Schon wässert ihm der Gaumen
„Nach einem solchen Schmaus.

„Wie zukten ihre Waden
„Vor dieses Bullen Zahn!
„Es schnalzen Seine Gnaden,
„Und Joli pakte an.

„Man schwört, daß noch der Stumpen
„Sich krampfigt eingedrukt,
„Den Lethe auszupumpen
„Noch gichterisch gezukt."

Und nun, ihr guten Christen,
Beherziget den Traum!
Fragt ihr nach Journalisten,
So sucht nur ihren Daum!

Sie bergen oft die Lüken,
Wie Jauner ohne Ohr
Sie helfen mit Perüken, —
Probatum! Gut davor!

Y.

2

Fantasie an Laura

Meine Laura! Nenne mir den Wirbel,
Der an Körper Körper mächtig reißt,
Nenne, meine Laura, mir den Zauber,
Der zum Geist monarchisch zwingt den Geist.

Sieh! er lehrt die schwebenden Planeten
Ewgen Ringgangs um die Sonne fliehn
Und gleich Kindern, um die Mutter hüpfend,
Bunte Zirkel um die Fürstin ziehn;

Durstig trinkt den goldnen Stralenregen
Jedes rollende Gestirn,
Trinkt aus ihrem Feuerkelch Erquikung,
Wie die Glieder Geister vom Gehirn.

Sonnenstäubchen paart mit Sonnenstäubchen
Sich in trauter Harmonie,
Sphären in einander lenkt die Liebe,
Weltsysteme dauren nur durch sie.

Tilge sie vom Uhrwerk der Naturen —
Trümmernd auseinander springt das All,
In das Chaos donnern eure Welten,
Weint, Newtone, ihren Riesenfall!

Tilg die Göttinn aus der Geister Orden,
Sie erstarren in der Körper Tod,
Ohne Liebe kehrt kein Frühling wieder,
Ohne Liebe preißt kein Wesen Gott!

Und was ists, das, wenn mich Laura küsset,
Purpurflammen auf die Wangen geußt,
Meinem Herzen raschern Schwung gebietet,
Fiebrisch wild mein Blut von hinnen reißt?

Aus den Schranken schwellen alle Sennen,
Seine Ufer überwallt das Blut,
Körper will in Körper über stürzen,
Lodern Seelen in vereinter Glut;

Gleich allmächtig wie dort in der todten
Schöpfung ewgen Federtrieb,
Herrscht im arachneischen Gewebe
Der empfindenden Natur die Lieb'.

---

2 **Anth.** s. 7—11 34 druckfehler: Schöpfung

Siehe, Laura, Frölichkeit umarmet
  Wilder Schmerzen Ueberschwung,
An der Hoffnung Liebesbrust erwarmet
  Starrende Verzweifelung.

Schwesterliche Wollust mildert
  Düstrer Schwermuth Schauernacht,
Und, entbunden von den goldnen Kindern,
  Stralt das Auge Sonnenpracht.

Waltet nicht auch durch des Uebels Reiche
  Fürchterliche Sympathie?
Mit der Hölle bulen unsre Laster,
  Mit dem Himmel grollen sie.

Um die Sünde flechten Schlangenwirbel
  Scham und Reu', das Eumenidenpaar,
Um der Gröse Adlerflügel windet
  Sich verräth'risch die Gefahr.

Mit dem Stolze pflegt der Sturz zu tändeln,
  Um das Glük zu klammern sich der Neid,
Ihrem Bruder Tode zuzuspringen
  Offnen Armes Schwester Lüsternheit.

Mit der Liebe Flügel eilt die Zukunft
  In die Arme der Vergangenheit,
Lange sucht der fliehende Saturnus
  Seine Braut — die Ewigkeit.

Einst — so hör ich das Orakel sprechen —
  Einsten hascht Saturn die Braut,
Weltenbrand wird Hochzeitfakel werden,
  Wenn mit Ewigkeit die Zeit sich traut.

Eine schönere Aurora röthet,
  Laura, dann auch unsrer Liebe sich,
Die so lang als jener Brautnacht dauert,
  Laura! Laura! freue dich! Y.

3
Bacchus im Triller

Trille! Trille! blind und dumm,
  Taub und dumm,
  Trillt den saubern Kerl herum!
Manches Stük von altem Adel,
Vetter, hast du auf der Nadel.
  Vetter, übel kommst du weg,
Manchen Kopf mit Dampf gefüllet,
Manchen hast du umgetrillet,
Manchen klugen Kopf berülpet,
Manchen Magen umgestilpet,

---

3 Anth. s. 12—15

Umgewälzt in seinem Spek,
Manchen Hut krumm aufgesezet,
Manches Lamm in Wut gehezet
Bäume, Heken, Häuser, Gassen
Um uns Narren tanzen lassen.
Darum kommst du übel weg,
Darum wirst auch du getrillet,
Wirst auch du mit Dampf gefüllet,
Darum wirst auch du berülpet,
Wird dein Magen umgestilpet,
Umgewälzt in seinem Spek,
Darum kommst du übel weg.

Trille! Trille! blind und dumm,
Taub und dumm,
Trillt den saubern Kerl herum!
Siehst, wie du mit unsern Zungen,
Unserm Wiz bist umgesprungen,
Siehst du jezt, du lokrer Specht?
Wie du uns am Sail gezwirbelt,
Uns im Ring herumgewirbelt,
Daß uns Nacht ums Auge graußte,
Daß 's uns in den Ohren saußte.
Lerns in deinem Käfigt recht;
Daß wir vor dem Ohrgebrümmel
Nimmer Gottes blauen Himmel,
Nimmer sahen Stok und Steine,
Knakten auf die lieben Beine.
Siehst du izt, du lokrer Specht?
Daß wir Gottes gelbe Sonne
Für die Heidelberger Tonne,
Berge, Bäume, Thürme, Schlösser
Angesehn für Schoppengläser,
Lernst du's izt, du lokrer Specht?
Lern's in deinem Käfigt recht.

Trille! Trille! blind und dumm,
Taub und dumm,
Trill den saubern Kerl herum!
Schwager, warst doch sonst voll Ränke,
Schwager, wo nun deine Schwänke,
Deine Pfiffe, schlauer Kopf?
Ausgepumpt sind deine Pfiffe,
Und zum Teufel sind die Kniffe!
Albern wie ein Stuzer plaudern,
Wie ein Waschweib wirst du kaudern.
Junker ist ein seichter Tropf.
Nun so weist du's — magst dich schämen,
Magst meintwegen Reißaus nehmen,
Dem Hollunken Amor rühmen,
Dran er soll Exempel nehmen.
Fort, Bärnhäuter! tummle dich!
Unser Wiz, aus Glas gekerbet;
Wie der Bliz ist er zerscherbet;

Soll dich nicht der Triller treiben,
Laß die Narrenspossen bleiben!
Hast's verstanden? Denk an mich!
Wüster Vogel! pake dich.

W. D.

4

An die Sonne

Preis dir, die du dorten heraufstrahlst, Tochter des Himmels
Preis dem lieblichen Glanz
Deines Lächelns, der alles begrüsset und alles erfreuet!
Trüb in Schauern und Nacht
Stand begraben die prächtige Schöpfung: todt war die Schönheit
Lang dem lechzenden Blik:
Aber liebevoll steigst du früh aus dem rosigen Schoose
Deiner Wolken empor,
Wektest uns auf die Morgenröthe; und freundlich
Schimmert' diese herfür
Ueber die Berg' und verkündete deine süsse Hervorkunft.
Schnell begann nun das Graun
Sich zu wälzen dahin in ungeheuern Gebürgen.
Dann erschienest du selbst,
Herrliche du, und verschwunden waren die neblichte Riesen!
Ach! wie Liebende nun,
Lange getrennt, liebäugelt der Himmel zur Erden, und diese
Lächelt zum Liebling empor;
Und es küssen die Wolken am Saume der Höhe die Hügel;
Süsser athmet die Luft;

---

4. Anth. s. 16—18 Drei frühere fassungen sind uns erhalten, alle drei kopien von der hand der Christophine Reinwald, Schillers schwester: h^1 sehr flüchtig und ungenau veröffentlicht von HENNEBERGER in RPrutz' Deutschem Museum, 1859, jahrg. IX, 2. s. 778 f.; h^2 hrsg. von WITKOWSKI in einem privatdruck zum 9. mai 1905 [als facsimile] und im Euphorion XII, s. 230 f.; h^3 von GÜNTTER im Marbacher Schillerbuch bd. III, 1909, s. 54 f. (Die versabsätze sind im folgenden nicht berücksichtigt.)

Ueberschr.: Aufgang der Sonne. h^2. h^1 und h^3 scheinen keine überschriften zu tragen 1 herauf steigst h^2 3 belebet und Alles erfreut h^1. belebet und alles erfreuet h^2. belebt und alles erfreuet h^3 4 Tief im Schatten der Nacht h^1. h^3. Tief im Dunkel der Nacht h^2 5 lag begraben h^1. h^2. h^3. die herrliche Schöpfung, Todt lag h^2 6 längst h^1 7 Aber nun steigst du früh aus dem rosigen Schooß h^1. aber nun steigst du früh aus dem rosigen Schoose h^3 9 Weckest uns h^1. durch die Morgenröthe h^1. h^2. h^3 10 schimmert h^1. h^2. schimmerte h^3. herfor h^2 11 Berge und verkündet h^1. h^2. h^3. die nahe Hervorkunft h^1. deine nahe Hervorkunft h^2. h^3 12 Grau h^1. Grauen h^2. Graue h^3 13 sich zu wandeln in ungeheure Gebirge h^1. dahin fehlt h^2. h^3. ungeheuren h^2. Gebirgen h^2. h^3 14 erschienst h^2. h^3 15 die erbleichten Riesen h^1 [lesefehler Hennebergers]. entschwunden h^2. neblichten h^2. h^3 16—20 fehlen h^1 17 Lange getrennt fehlt h^3. Erde h^3 19 die Wolken fehlt h^3. am Saum der Berge h^3 20 fehlt h^2. h^3

Alle Fluren baden in deines Angesichts Abglanz
Sich; und es wirbelt der Chor
Das Gevögels aus der vergoldeten Grüne der Wälder
Freudenlieder hinauf;
Alle Wesen taumeln wie am Busen der Wonne:
Seelig die ganze Natur!
Und dieß alles, o Sonn'! entquoll deiner himmlischen Liebe.
Vater der Heil'gen, vergieb,
O vergieb mir, daß ich auf mein Angesicht falle
Und anbete dein Werk! —
Aber nun schwebet sie fort im Zug der Purpurgewölke
Ueber der Könige Reich,
Ueber die unabsehbarn Wasser, über das Weltall;
Unter ihr werden zu Staub
Alle Thronen, Moder die himmelaufschimmerunden Städte;
Ach! die Erde ist selbst
Grabeshügel geworden. Sie aber bleibt in der Höhe,
Lächelt der Mörderin Zeit
Und erfüllet ihr groses Geschäft, erleuchtet die Sphären.
O besuche noch lang,
Herrlichstes Fürbild der Edeln! mit mildem freundlichem Blike
Unsre Wohnung, bis einst
Vor dem Schelten des Ewigen sinken die Sterne
Und du selbsten erbleichst.

W.

5
Laura am Klavier

Wenn dein Finger durch die Saiten meistert —
Laura, izt zur Statue entgeistert,
Izt entkörpert steh ich da.
Du gebietest über Tod und Leben,
Mächtig, wie von tausend Nervgeweben
Seelen fordert Philadelphia; —

---

21 fehlt h^3 21. 22 Alle Wesen trunken nun am Busen der Wonne und es wirbelt der Chor h^1 [Zu trunken hat Henneberger selbst ein ? gesetzt.] 22 Sich, und fehlt h^3 23 aus dem vergüldeten Grün h^1. aus der vergoldeten Grüne der Wälder fehlt h^2 24 Trunkene Lieder h^1. herauf h^1. h^2. h^3 25. 26 fehlen h^1 27 das Alles h^1. himmlischen Schöne h^1 28 der herrlichen h^1. h^3. Heiligen h^2 29 Antliz h^2. 31 ziehet sie h^1. h^2. h^3. des Purpurgewölkes h^1 32 Der Berge Reich h^1 33 unabsehbaren h^1. h^3 35 Throne h^1. Moder bis Städte fehlt h^1. h^3. Moder fehlt h^2. heraufschimmerunden h^2 41 herrliches h^1. h^3. Vorbild der Edlen h^1. h^2. h^3. mit bis Blike fehlt h^1. h^2. h^3. 42 Unsere h^1. h^2. h^3. Erde h^2 43 Von dem h^1. h^2. h^3. Stern h^3 44 verbleichst h^2 Unterzeichnet in h^3: Reinwald gebohr Schiller. Am rande verzeichnet: Gedicht von Schiller in sm. 14. Jahre. h^1. Schiller war 14 Jahre alt, als er diß dichtete. h^2. Gedicht von Schiller in seinem 14. Lebensjahr. h^3.

5 Anth. s. 19—21

Ehrerbietig leiser rauschen
Dann die Lüfte, dir zu lauschen.
Hingeschmiedet zum Gesang
Stehn im ewgen Wirbelgang,
Einzuziehn die Wonnefülle,
Lauschende Naturen stille;
Zauberin! mit Tönen, wie
Mich mit Bliken, zwingst du sie.

Seelenvolle Harmonieen wimmeln,
Ein wollüstig Ungestüm,
Aus den Saiten, wie aus ihren Himmeln
Neugebohrne Serafim;
Wie des Chaos Riesenarm entronnen,
Aufgejagt vom Schöpfungssturm, die Sonnen
Funkend fuhren aus der Finsternuß,
Strömt der goldne Saitenguß.

Lieblich izt, wie über bunten Kieseln
Silberhelle Fluten rieseln, —
Majestätisch prächtig nun,
Wie des Donners Orgelton,
Stürmend von hinnen izt, wie sich von Felsen
Rauschende schäumende Gießbäche wälzen,
Holdes Gesäusel bald,
Schmeichlerisch linde,
Wie durch den Espenwald
Buhlende Winde,
Schwerer nun und melankolisch düster,
Wie durch todter Wüsten Schauernachtgeflüster,
Wo verlornes Heulen schweift,
Thränenwellen der Kozytus schleift.

Mädchen, sprich! Ich frage, gieb mir Kunde:
Stehst mit höhern Geistern du im Bunde?
Ists die Sprache, lüg mir nicht,
Die man in Elysen spricht?

Von dem Auge weg der Schleyer!
Starre Riegel von dem Ohr!
Mädchen! Ha! schon athm' ich freier,
Läutert mich ätherisch Feuer?
Tragen Wirbel mich empor? — —

Neuer Geister Sonnensize
Winken durch zerrißner Himmel Rize —
Ueberm Grabe Morgenroth!
Weg, ihr Spötter, mit Insektenwize!
Weg! Es ist ein Gott — — — —

Y.

6

Die Herrlichkeit der Schöpfung

Eine Fantasie

Vorüber war der Sturm, der Donner Rollen
Das hallende Gebirg hinein verschollen,
Geflohn die Dunkelheit;
In junger Schöne lächelten die Himmel wieder
Auf ihre Schwester, Gottes Erde, nieder
Voll Zärtlichkeit.
Es lagen lustig da die Auen und die Thale,
Aus Maigewölken von der Sonnen Strahle
Holdseelig angelacht:
Die Ströme schimmerten, die Büsch' und Wäldchen alle
Bewegten freudig sich im thauigen Crystalle
In funkelndlichter Pracht.
Und sieh! da hebt von Berg zu Berg sich prächtig ausgespannt
Ein Regenbogen über's Land. —
In dieser Ansicht schwamm vom Broken oben
Mein Auge trunken, als ich aufgehoben
Mich plözlich fühlte . . . . Heilig heil'ge Lüfte kamen,
Umwebten zärtlich mich, indessen über mir
Stolztragend über's All den Ewigen daher
Die innre Himmel majestätisch schwamen.

Und izt trieb ein Wind
Fort die Wolken, mich auf ihrem Zuge,
Unter mir wichen im Fluge
Schimmernde Königesstädte zurük,
Schnell wie ein Blik
Länderbeschattende Berge zurük,
Und das schönste Gemisch von blühenden Feldern,
Goldenen Saaten und grünenden Wäldern,
Himmel und Erde im lachenden Glanz
Wiegten sich um mich im sanftesten Tanz.

Da schweb ich nun in den saphirnen Höhen
Bald über'm unabsehlich weiten Meer;
Bald seh' ich unter mir ein langes Klippenheer,
Izt grausenvolle Felsenwüsten stehen
Und dort den Frühling mir entgegenwehen;
Und hier die Lichtesköniginn,
Auf rosichtgoldnen Wolken hingetragen,
Zu ihrer Himmelsruhe ziehn.

O welch Gesicht! Mein Lied! wie könntest du es sagen,
Was dieses Auge trank vom weltumwandelnden Wagen?
Der Schöpfung ganze Pracht, die Herrlichkeit,
Die in dem Einsamen der dunkeln Ewigkeit
Der Allerhöchste ausgedacht

---

6 Anth. s. 22—25   18 druckfehler: Und webten

Und sich zur Augenlust und euch, o Menschen!
  Zur Wohnung hat gemacht,
Lag vor mir da! . . . Und welche Melodien
Dringen herauf? welch unaussprechlicher Klang
Schlägt mein entzüktes Ohr? . . . Der grose Lobgesang
Tönt auf der Laute der Natur! . . . In Harmonien
  Wie einen süsen Tod verlohren, preißt
  Den Herrn des Alls mein Geist!

W.

7

Elegie auf den Tod eines Jünglings

Banges Stöhnen, wie vor'm nahen Sturme,
  Hallet her vom öden Trauerhauß,
Todentöne fallen von des Münsters Thurme,
  Einen Jüngling trägt man hier heraus:
Einen Jüngling — noch nicht reif zum Sarge,
  In des Lebens Mai gepflükt,
Pochend mit der Jugend Nervenmarke,
  Mit der Flamme, die im Auge zükt;
Einen Sohn, die Wonne seiner Mutter,
  (O das lehrt ihr jammernd Ach)
Meinen Busenfreund, Ach! meinen Bruder —
  Auf! was Mensch heißt, folge nach!

Prahlt ihr, Fichten, die ihr hoch veraltet
  Stürmen stehet und den Donner nekt?

---

7 Anth. s. 26—32 Anonymer einzeldruck: Elegie auf den frühzeitigen Tod Johann Christian Weckerlins. von seinen Freunden. Stuttgart, den 16ten Januar 1781. Daselbst mit Mäntlerischen Schriften. 1 bogen folio. [$= E^{2}$.] Daneben hat sich noch ein exemplar des einzeldruckes erhalten, bevor er die zensur passiert hatte, von Weisstein facsimiliert in der Zeitschr. für Bücherfreunde. IX, s. 92/93. [$= E^{1}$.] Die bemerkungen des zensors J. C. Volz mitgeteilt in der krit. ausgabe von Goedeke I, 368. Nach R. Weltrichs aufsatz in der Frankfurter Zeitung 1910, nr. 200, 22. juli habe ich auch die varianten der abschrift im schreibbuch von Schillers mitschüler Anton v. Herrenschwand mitgeteilt, die wahrscheinlich nach E^{1} angefertigt worden ist [= h.]. Ueberschr.: Elegie auf den frühzeitigen Tod J. C. Wekerlins. h. — Motto:

„Ihn aber hält am ernsten Orte,
„Der nichts zurüke läßt,
„Die Ewigkeit mit starken Armen fest.“ — $E^{1.2.}$ h.

3 Stiftes Thurme $E^{1.2.}$ h 5 zur Bahre $E^{1.2.}$ h

6—12 Einen Jüngling — in dem May der Jahre —
  Weggepflükt in früher Morgenblüth!
Einen Sohn — das Pralen seiner Mutter,
Unsern theuren vielgeliebten Bruder —
  Auf! was Mensch heißt folge mit! $E^{1.2.}$ h. Zu Pralen hatte der zensor bemerkt: „Da diss Wort öfters in einer schlimmen Bedeutung gebraucht wird: so könnte es vielleicht missdeutet, und übel aufgenommen werden.“

Und ihr, Berge, die ihr Himmel halter,
 Und ihr, Himmel, die ihr Sonnen hegt?
Prahlt der Greiß noch, der auf stolzen Werken
 Wie auf Woogen zur Vollendung steigt?
Prahlt der Held noch, der auf aufgewälzten Thatenbergen
 In des Nachruhms Sonnentempel fleugt?
Wenn der Wurm schon naget in den Blüthen:
 Wer ist Thor, zu wähnen, daß er nie verdirbt?
Wer dort oben hofft noch und hienieden,
 Auszudauren — wenn der Jüngling stirbt?

Lieblich hüpften, voll der Jugendfreude,
Seine Tage hin im Rosenkleide,
 Und die Welt, die Welt war ihm so süß —
Und so freundlich, so bezaubernd winkte
Ihm die Zukunft, und so golden blinkte
 Ihm des Lebens Paradies;
Noch, als schon das Mutterauge thränte,
Unter ihm das Todenreich schon gähnte,
 Ueber ihm der Parzen Faden riß,
Erd und Himmel seinem Blik entsanken,
Floh er ängstlich vor dem Grabgedanken —
 Ach die Welt ist Sterbenden so süß.

Stumm und taub ists in dem engen Hause,
 Tief der Schlummer der Begrabenen;
Bruder! Ach in ewig tiefer Pause
 Feiern alle deine Hoffnungen;

Nach 24: War Er nicht so muthig, kraftgerüstet,
 War er nicht wie [des h] Lebens Konterfey?
Frisch, wie Roß im Eisenklang sich brüstet,
 Wie der Vogel in den Lüften frey?
Da Er noch in unsern Reyhen hüpfte,
 Da Er noch in unsern Armen sprung
Und sein Herz an unsre Herzen knüpfte, —
 O der schneidenden Erinnerung! —
Da Er uns — (o ahndende Gefühle
 Hier auf eben dieser Leichenflur)
Nur zu sicher vor dem nahen Ziele
 Das Gelübd der ewgen Treue schwur —

O ein Mißklang auf der grossen Laute!
 Weltregierer, ich begreif es nicht!
Hier — auf dem Er seinen Himmel baute —
 Hier im Sarg — barbarisches Gericht!
So viel Sehnen, die im Grab erschlaffen,
 So viel Keime, die der Tod verweht,
Kräfte, für die Ewigkeit erschaffen,
 Gaben, für die Menschheit ausgesät —
O in dieses Meeres wildem Wetter,
 Wo Verzweiflung Steur und Ruder ist,
Bitte nur, geschlagenster der Väter,
 Daß dir alles, alles, nur nicht GOtt entwischt. E[1, 2] h

Oft erwärmt die Sonne deinen Hügel,
Ihre Glut empfindest du nicht mehr;
Seine Blumen wiegt des Westwinds Flügel,
Sein Gelispel hörest du nicht mehr;
Liebe wird dein Auge nie vergolden,
Nie umhalsen deine Braut wirst du,
Nie, wenn unsre Thränen stromweis rollten, —
Ewig, ewig sinkt dein Auge zu.

Aber wohl dir! — köstlich ist dein Schlummer,
Ruhig schläft sichs in dem engen Haus;
Mit der Freude stirbt hier auch der Kummer,
Röcheln auch der Menschen Qualen aus.
Ueber dir mag die Verläumdung geifern,
Die Verführung ihre Gifte spein,
Ueber dich der Pharisäer eifern,
Fromme Mordsucht dich der Hölle weihn,
Gauner durch Apostel Masken schielen,
Und die Bastarttochter der Gerechtigkeit,
Wie mit Würfeln, so mit Menschen spielen,
Und so fort bis hin zur Ewigkeit.

Ueber dir mag auch Fortuna gaukeln,
Blind herum nach ihren Buhlen spähn,
Menschen bald auf schwanken Thronen schaukeln,
Bald herum in wüsten Prüzen drehn;
Wohl dir, wohl in deiner schmalen Zelle;
Diesem komischtragischem Gewühl,
Dieser ungestümmen Glükeswelle,
Diesem possenhaften Lottospiel,
Diesem faulen fleißigen Gewimmel,
Dieser arbeitsvollen Ruh,
Bruder! — diesem teufelvollen Himmel
Schlos dein Auge sich auf ewig zu.

---

48 Ewig, ewig, ewig sinkt $E^{1.2.}$ h 56 Pfaffen brüllend dich $E^{1.}$ h. Dazu die bemerkung des zensors: „Müssen weniger anstössige Ausdrücke gewählt werden.“ Deshalb in E^{2}: Manche brüllend 58 Und die Meze die Gerechtigkeit E^{1}. h. Bemerkung des zensors: „Möchte in einem satyrischen Aufsaze passiren, nicht aber in einem ernsthaften Gedichte.“ Daher E^{2}: Und die Falsche die Gerechtigkeit 66 komisch-tragischen E^{2} 71 Zu teufelvoll zensurbem.: „Dieser Ausdruck sollte auch gemildert werden.“ Daher E^{2}: Bosheitsvollen. h hat [verschrieben?]: todtenvollen Nach v. 72:

O so klatschet! klatscht doch in die Hände,
Rufet doch ein frohes Plaudite! —
Sterben ist der langen Narrheit Ende,
In dem Grab verscharrt man manches Weh;
Was sind denn die Bürger unterm Monde?
Gaukler, theatralisch ausstaffirt,
Mit dem Tod in ungewissem Bunde,
Bis der Falsche sie vom Schauplaz führt
Wohl dem, der nach kurzgespielter Rolle

Fahr dann wohl, du Trauter unsrer Seele,
Eingewiegt von unsern Segnungen,
Schlummre ruhig in der Grabeshöle,
Schlummre ruhig bis auf Wiedersehn!
Bis auf diesen leichenvollen Hügeln
Die allmächtige Posaune klingt,
Und nach aufgerißnen Todesriegeln
Gottes Sturmwind diese Leichen in Bewegung schwingt —
Bis, befruchtet von Jehovahs Hauche,
Gräber kreisen — auf sein mächtig Dräun
In zerschmelzender Planeten Rauche
Ihren Raub die Grüfte wiederkäun —

Nicht in Welten, wie die Weisen träumen,
Auch nicht in des Pöbels Paradiß,
Nicht in Himmeln, wie die Dichter reimen, —
Aber wir ereilen dich gewiß.
Daß es wahr sey, was den Pilger freute?
Daß noch jenseits ein Gedanke sey?
Daß die Tugend über's Grab geleite?
Daß es mehr denn eitle Fantasey? — —
Schon enthüllt sind dir die Räthsel alle!
Wahrheit schlürft dein hochentzükter Geist,
Wahrheit, die in tausendfachem Strale
Von des grosen Vaters Kelche fleußt —

Zieht dann hin, ihr schwarzen, stummen Träger!
Tischt auch den dem grosen Würger auf!
Höret auf, geheulergoßne Kläger!
Thürmet auf ihm Staub auf Staub zu Hauf.
Wo der Mensch, der Gottes Rathschluß prüfte?
Wo das Aug, den Abgrund durchzuschaun?
Heilig! Heilig! Heilig! Bist du, Gott der Grüfte,
Wir verehren dich mit Graun!
Erde mag zurük in Erde stäuben,
Fliegt der Geist doch aus dem morschen Hauß!
Seine Asche mag der Sturmwind treiben,
Seine Liebe dauert ewig aus! Y.

Seine Larve tauschet mit Natur,
Und der Sprung vom König bis zur Erdenscholle
Ist ein leichter Kleiderwechsel nur. $E^{1.2}$ h. Doch hat E^2 im dritten verse dieser strophe auf des zensors vorschlag statt Narrheit eingesetzt: Thorheit, und h schreibt in der drittletzten zeile: tauscht mit der Natur 84 Ihren Staub $E^{1.2}$ h 87 nicht im Himmel h 89 Ob es $E^{1.2}$ h 90 Ob noch $E^{1.2}$ h 91 Ob die $E^{1.2}$ h 92 Ob es alles eitle $E^{1.2}$ h 103 Heilig! heilig! bist du $E^{1.2}$ h. Schlussbemerkung des zensors: „Nach oben bemerkten Verbesserungen, welche nicht unterlassen werden derffen: *Imprim. J. C. Volz.*“

8

Roußeau

Monument von unsrer Zeiten Schande!
Ew'ge Schandschrift deiner Mutterlande!
Roußeaus Grab! Gegrüßet seyst du mir!
Fried und Ruh den Trümmern deines Lebens!
Fried und Ruhe suchtest du vergebens,
Fried und Ruhe fandst du hier.

Kaum ein Grabmal ist ihm überblieben,
Den von Reich zu Reich der Neid getrieben,
Frommer Eifer umgestrudelt hat.
Ha! Um den einst Ströme Bluts zerfließen,
Wem's gebühr', ihn pralend Sohn zu grüßen,
Fand im Leben keine Vaterstadt.

Und wer sind sie, die den Weisen richten?
Geisterschlaken, die zur Tiefe flüchten
Vor dem Silberblike des Genies;
Abgesplittert von dem Schöpfungswerke,
Gegen Riesen Roußeau kind'sche Zwerge,
Denen nie Prometheus Feuer blies.

Brüken vom Instinkte zum Gedanken,
Angefliket an der Menschheit Schranken,
Wo schon gröbre Lüfte wehn,
In die Kluft der Wesen eingekeilet,
Wo der Affe aus dem Thierreich geilet,
Und die Menschheit anhebt, abzustehn.

Neu und einzig — eine Irresonne,
Standest du am Ufer der Garonne
Meteorisch für Franzosenhirn.
Schwelgerei und Hunger brüten Seuchen,
Tollheit raßt mavortisch in den Reichen.
Wer ist schuld — das arme Irrgestirn.

Deine Parze — hat sie gar geträumet?
Hat in Fieberhize sie gereimet,
Die dich an der Seine Strand gesäugt?
Ha! schon seh ich unsre Enkel staunen,
Wann beim Klang belebender Posaunen
Aus Franzosengräbern — Roußeau steigt!

Wann wird doch die alte Wunde narben?
Einst wars finster — und die Weisen starben,
Nun ists lichter — und der Weise stirbt,
Sokrates ging unter durch Sofisten,
Roußeau leidet — Roußeau fällt durch Christen,
Roußeau — der aus Christen Menschen wirbt.

Ha! mit Jubel, die sich feurig gießen,
Sey, Religon, von mir gepriesen,
Himmelstochter, sey geküßt!

---

8 Anth. s. 33—37

Welten werden durch dich zu Geschwistern,
Und der Liebe sanfte Odem flistern
Um die Fluren, die dein Flug begrüßt.

Aber wehe — Basiliskenpfeile
Deine Blike — Krokodilgeheule
Deiner Stimme sanfte Melodien,
Menschen bluten unter deinem Zahne,
Wenn verderbengeifernde Imane
Zur Creunus dich verziehn.

Ja! im acht und zehnten Jubeljare,
Seit das Weib den Himmelsohn gebare,
(Kroniker, vergeßt es nie)
Hier erfanden schlauere Perille
Ein noch musikalischer Gebrülle,
Als dort aus dem ehrnen Ochsen schrie.

Mag es, Roußeau! mag das Ungeheuer
Vorurtheil ein thürmendes Gemäuer
Gegen kühne Reformanten stehn,
Nacht und Dummheit boshaft sich versammeln,
Deinem Licht die Pfade zu verrammeln,
Himmelstürmend dir entgegen gehn.

Mag die hundertrachigte Hyäne
Eigennuz die gelben Zakenzähne
Hungerglühend in die Armuth haun,
Erzumpanzert gegen Waisenthräne,
Thurmumrammelt gegen Jammertöne,
Goldne Schlösser auf Ruinen baun.

Geh, du Opfer dieses Trillingsdrachen,
Hüpfe freudig in den Todesnachen,
Großer Dulder! frank und frei.
Geh, erzähl dort in der Geister Kraise
Diesen Traum vom Krieg der Frösch' und Mäuse,
Dieses Lebens Jahrmarktsdudelei.

Nicht für diese Welt warst du — zu bider
Warst du ihr, zu hoch — vielleicht zu nieder —
Roußeau, doch du warst ein Christ.
Mag der Wahnwiz diese Erde gängeln!
Geh du heim zu deinen Brüdern Engeln,
Denen du entlaufen bist.
M.

9

Die seeligen Augenblike, an Laura

Laura, über diese Welt zu flüchten
Wähn ich — mich in Himmelmaienglanz zu lichten,

9 Anth. s. 38—41 Schwäbischer Musenalmanach auf das Jahr 1782. Hrsg. von Gotthold Friedrich Stäudlin, Tübingen, bei Johann Georg Cotta. s. 140—142. (Diese im folgenden mitgeteilten varianten vielleicht von Stäudlin eigenmächtig eingesetzt.) Ueberschr.: Die Entzükung an Laura. 1 Laura! Welt und Himmel weggeronnen 2 in Himmelmaienlicht zu sonnen

Wenn dein Blik in meine Blike flimmt,
Aetherlüfte träum' ich einzusaugen,
Wenn mein Bild in deiner sanften Augen
Himmelblauem Spiegel schwimmt; —

Leyerklang aus Paradises Fernen,
Harfenschwung aus angenehmern Sternen
Ras' ich in mein trunken Ohr zu ziehn,
Meine Muse fühlt die Schäferstunde,
Wenn von deinem wollustheißem Munde
Silbertöne ungern fliehn; —

Amoretten seh ich Flügel schwingen,
Hinter dir die trunknen Fichten springen,
Wie von Orpheus' Saitenruf belebt;
Rascher rollen um mich her die Pole,
Wenn im Wirbeltanze deine Sole
Flüchtig wie die Welle schwebt; —

Deine Blike — wenn sie Liebe lächeln,
Könnten Leben durch den Marmor fächeln,
Felsenadern Pulse leihn;
Träume werden um mich her zu Wesen,
Kann ich nur in deinen Augen lesen:
Laura, Laura mein! —

Wenn dann, wie gehoben aus den Achsen
Zwei Gestirn, in Körper Körper wachsen,
Mund an Mund gewurzelt brennt,
Wollustfunken aus den Augen regnen,
Seelen wie entbunden sich begegnen
In des Athems Flammenwind, — — —

Qualentzüken — — Paradiesesschmerzen! — —
Wilder flutet zum beklommnen Herzen,
Wie Gewapnete zur Schlacht, das Blut;
Die Natur, der Endlichkeit vergessen,
Wagts, mit höhern Wesen sich zu messen,
Schwindelt ob der acherontschen Flut.

Eine Pause drohet hier den Sinnen,
Schwarzes Dunkel jagt den Tag von hinnen,
Nacht verschlingt den Quell des Lichts —
Leises .. Murmeln ... dumpfer .. hin .. verloren ..
Stirbt ... allmälig .. in den trunknen ... Ohren ...
Und die Welt ist .... Nichts ....

Ach! vielleicht verpraßte tausend Monde,
Laura, die Elisiumssekunde,
All begraben in dem schmalen Raum;
Weggewirbelt von der Todeswonne,
Landen wir an einer andern Sonne,
Laura! und es war ein Traum.

---

8 angenehmen   11 wollustvollen   25 Wann nun   31—36 fehlen   39 Lagert sich um den gefangnen Blik   42 Und die Welt tritt in ihr Nichts zurük   43—48 fehlen

O! daß doch der Flügel Chronos harrte,
Hingebannt ob dieser Gruppe starrte
Wie ein Marmorbild — — die Zeit!
Aber ach! ins Meer des Todes jagen
Wellen Wellen — über dieser Wonne schlagen
Schon die Strudel der Vergessenheit.

Y.

10

Spinoza

Hier ligt ein Eichbaum umgerissen,
Sein Wipfel thät die Wolken küssen,
Er ligt am Grund — warum?
Die Bauren hatten, hör ich reden,
Sein schönes Holz zum Bau'n vonnöthen
Und rissen ihn deßwegen um.

O.

11

Die Kindsmörderin

Horch — die Gloken weinen dumpf zusammen,
Und der Zeiger hat vollbracht den Lauf,
Nun, so sey's denn! — Nun, in Gottes Namen!
Grabgefährten, brecht zum Richtplaz auf.
Nimm, o Welt, die lezten Abschiedsküße,
Diese Thränen nimm, o Welt, noch hin.
Deine Gifte — o sie schmekten süße! —
Wir sind quitt, du Herzvergifterin.

Fahret wohl, ihr Freuden dieser Sonne,
Gegen schwarzen Moder umgetauscht!
Fahre wohl, du Rosenzeit voll Wonne,
Die so oft das Mädchen lustberauscht;
Fahret wohl, ihr goldgewebten Träume,
Paradieseskinder Fantasie'n! —
Weh! sie starben schon im Morgenkeime,
Ewig nimmer an das Licht zu blühn.

Schön geschmükt mit rosenrothen Schlaifen
Dekte mich der Unschuld Schwanenkleid,
In der blonden Loken loses Schweifen
Waren junge Rosen eingestreut: —
Wehe! — Die Geopferte der Hölle
Schmükt noch izt das weißlichte Gewand,
Aber ach! — der Rosenschlaifen Stelle
Nahm ein schwarzes Todenband.

---

49 Ha! daß izt 50 Hingebraunt [druckfehler] Unterschrift: Schiller
10 Anth. s. 41
11 Anth. s. 42—48

Weinet um mich, die ihr nie gefallen,
  Denen noch der Unschuld Liljen blühn
Denen zu dem weichen Busenwallen
  Heldenstärke die Natur verliehn!
Wehe! menschlich hat diß Herz empfunden! —
  Und Empfindung soll mein Richtschwerd seyn! —
Weh! vom Arm des falschen Manns umwunden,
  Schlief Louisens Tugend ein.

Ach, vielleicht umflattert eine andre,
  Mein vergessen, dieses Schlangenherz,
Ueberfließt, wenn ich zum Grabe wandre,
  An dem Puztisch in verliebten Scherz?
Spielt vielleicht mit seines Mädchens Loke?
  Schlingt den Kuß, den sie entgegenbringt?
Wenn verspritzt auf diesem Todesbloke
  Hoch mein Blut vom Rumpfe springt.

Joseph! Joseph! auf entfernte Meilen
  Folge dir Louisens Todenchor,
Und des Glokenthurmes dumpfes Heulen
  Schlage schröklichmahnend an dein Ohr —
Wenn von eines Mädchens weichem Munde
  Dir der Liebe sanft Gelispel quillt,
Bohr' es plözlich eine Höllenwunde
  In der Wollust Rosenbild!

Ha, Verräther! nicht Louisens Schmerzen?
  Nicht des Weibes Schande, harter Mann?
Nicht das Knäblein unter meinem Herzen?
  Nicht, was Löw' und Tiger milden kann?
Seine Seegel fliegen stolz vom Lande,
  Meine Augen zittern dunkel nach,
Um die Mädchen an der Seine Strande
  Winselt er sein falsches Ach! — —

Und das Kindlein — in der Mutter Schoose
  Lag es da in süßer goldner Ruh,
In dem Reiz der jungen Morgenrose
  Lachte mir der holde Kleine zu,
Tödlichlieblich sprang aus allen Zügen
  Des geliebten Schelmen Konterfey;
Den beklommnen Mutterbusen wiegen
  Liebe und — Verrätherey.

Weib, wo ist mein Vater? lallte
  Seiner Unschuld stumme Donnersprach,
Weib, wo ist dein Gatte? hallte
  Jeder Winkel meines Herzens nach —
Weh, umsonst wirst, Waise, du ihn suchen,
  Der vielleicht schon andre Kinder herzt,
Wirst der Stunde unsrer Wollust fluchen,
  Wenn dich einst der Name Bastard schwärzt.

Deine Mutter — o im Busen Hölle! —
  Einsam sizt sie in dem All der Welt,

Durstet ewig an der Freudenquelle,
  Die dein Anblik fürchterlich vergällt.
Ach, in jedem Laut von dir erwachet
  Todter Wonne Qualerinnerung,
Jeder deiner holden Blike fachet
  Die unsterbliche Verzweifelung.

Hölle, Hölle, wo ich dich vermiße,
  Hölle, wo mein Auge dich erblikt,
Eumenidenruthen deine Küße,
  Die von *seinen* Lippen mich entzükt,
Seine Eide donnern aus dem Grabe wieder,
  Ewig, ewig würgt sein Meineid fort,
Ewig — hier umstrikte mich die Hyder; —
  Und vollendet war der Mord —

Joseph! Joseph! auf entfernte Meilen
  Jage dir der grimme Schatten nach,
Mög mit kalten Armen dich ereilen,
  Donnre dich aus Wonneträumen wach,
Im Geflimmer sanfter Sterne zuke
  Dir des Kindes grasser Sterbeblik,
Es begegne dir im blutgen Schmuke,
  Geißle dich vom Paradiß zurük.

Seht! da lag es — lag im warmen Blute,
  Das noch kurz im Mutterherzen sprang,
Hingemezelt mit Erinnysmuthe,
  Wie ein Veilchen unter Sensenklang; — —
Schröklich pocht' schon des Gerichtes Bote,
  Schröklicher mein Herz!
Freudig eilt' ich, in dem kalten Tode
  Auszulöschen meinen Flammenschmerz.

Joseph! Gott im Himmel kann verzeihen,
  Dir verzeiht die Sünderin.
Meinen Groll will ich der Erde weihen,
  Schlage, Flamme, durch den Holzstoß hin —
Glüklich! Glüklich! Seine Briefe lodern,
  Seine Eide frißt ein siegend Feu'r,
Seine Küße! — wie sie hochauf flodern! —
  Was auf Erden war mir einst so theu'r?

Trauet nicht den Rosen eurer Jugend,
  Trauet, Schwestern, Männerschwüren nie!
Schönheit war die Falle meiner Tugend,
  Auf der Richtstatt hier verfluch ich sie! —
Zähren? Zähren in des Würgers Bliken?
  Schnell die Binde um mein Angesicht!
Henker, kannst du keine Lilje kniken?
  Bleicher Henker, zittre nicht! — — —

Y.

12

In einer Bataille,

von einem Offizier

Schwer und dumpfig
Eine Wetterwolke,
Durch die grüne Ebne schwankt der Marsch.
Zum wilden eisernen Würfelspiel
Strekt sich unabsehlich das Gefilde.
Blike kriechen niederwärts,
An die Rippen pocht das Männerherz,
Vorüber an holen Todengesichtern
Niederjagt die Front der Major:
Halt!
Und Regimenter fesselt das starre Kommando.

Lautlos steht die Front.

Prächtig im glüenden Morgenroth
Was blizt dorther vom Gebürge?
Seht ihr des Feindes Fahnen wehn?
Wir sehn des Feindes Fahnen wehn,
Gott mit euch, Weib und Kinder!
Lustig! hört ihr den Gesang?
Trommelwirbel, Pfeiffenklang
Schmettert durch die Glieder.
Wie braußt es fort im schönen wilden Takt!
Und braußt durch Mark und Bein.

Gott befohlen, Brüder!
In einer andern Welt wieder!

Schon fleugt es fort wie Wetterleucht,
Dumpf brüllt der Donner schon dort,
Die Wimper zukt, hier kracht er laut,
Die Losung braußt von Heer zu Heer,
Laß brausen in Gottes Namen fort,
Freier schon athmet die Brust.

Der Tod ist los — schon woogt sich der Kampf.
Eisern im wolkigten Pulverdampf,
Eisern fallen die Würffel.

Nah umarmen die Heere sich,
Fertig! heults von Ploton zu Ploton,
Auf die Kniee geworfen
Feur'n die Vordern, viele stehen nicht mehr auf,
Lüken reißt die streifende Kartetsche,
Auf Vormanns Rumpfe springt der Hintermann,
Verwüstung rechts und links und um und um,
Bataillone niederwälzt der Tod.

---

12 Anth. s. 49—53

Die Sonn löscht aus — heiß brennt die Schlacht,
Schwarz brütet auf dem Heer die Nacht.
Gott befohlen, Brüder!
In einer andern Welt wieder!

Hoch sprizt an den Naken das Blut,
Lebende wechseln mit Toden, der Fuß
Strauchelt über den Leichnamen —
„Und auch du, Franz?" — „„Grüße mein Lottchen, Freund!""
Wilder immer wüthet der Streit,
„Grüßen will ich" — Gott! Kameraden! seht,
Hinter uns wie die Kartetsche springt!
„Grüßen will ich dein Lottchen, Freund.
„Schlummre sanft; wo die Kanone sich
„Heischer speit, stürz ich Verlaßner hinein."

Hieher, dorthin schwankt die Schlacht,
Finstrer brütet auf dem Heer die Nacht.
Gott befohlen, Brüder!
In einer andern Welt wieder!

Horch! was strampft im Galopp vorbei?
Die Adjutanten fliegen:
Dragoner rasseln in den Feind,
Und seine Donner ruhen.
Victoria, Brüder!
Schreken reißt die faigen Glieder!
Und seine Fahne sinkt.

Entschieden ist die scharfe Schlacht,
Der Tag blikt siegend durch die Nacht!
Horch! Trommelwirbel, Pfeiffenklang
Stimmen schon Triumfgesang!
Lebt wohl, ihr gebliebenen Brüder!
In einer andern Welt wieder.

v. R.

13
An die Parzen

Nicht ins Gewühl der rauschenden Redouten,
Wo Stuzerwiz sich wunderherrlich spreißt,
Und leichter als das Nez der fliegenden Bajouten
Die Tugend junger Schönen reißt; —

Nicht vor die schmeichlerische Toilette,
Wovor die Eitelkeit als ihrem Gözen kniet
Und oft in wärmere Gebete
Als zu dem Himmel selbst entglüht; —

Nicht hinter der Gardinen listgen Schleyer,
Wo heuchlerische Nacht das Aug der Welt betrügt
Und Herzen, kalt im Sonnenfeuer,
In glüende Begierden wiegt,

13 Anth. s. 54—57

Wo wir die Weisheit s c h a a m r o t h überraschen,
Die kühnlich Föbus' Stralen trinkt,
Wo Männer gleich den Knaben diebisch naschen,
Und Plato von den Sfären sinkt; —

Zu dir — zu dir, du einsames Geschwister,
Euch Töchtern des Geschickes flieht
Bey meiner Laute leiserem Geflister
Schwermüthig süß mein Minnelied;

Ihr einzigen, für die noch kein Sonnet gegirret,
Um deren Geld kein Wucherer noch warb,
Kein Stuzer noch Klagarien geschwirret,
Kein Schäfer noch arkadisch starb;

Die ihr den Nervenfaden unsers Lebens
Durch weiche Finger sorgsam treibt,
Bis unterm Klang der Scheere sich vergebens
Die zarte Spinnewebe sträubt.

Daß du auch mir den Lebensfaden spinntest,
Küß ich, o Klotho, deine Hand; —
Daß du noch nicht den jungen Faden trenntest,
Nimm, Lachesis, diß Blumenband.

Oft hast du Dornen an den Faden,
Noch öfter Rosen dran gereiht,
Für Dorn' und Rosen an dem Faden
Sey, Klotho, dir diß Lied geweiht;

Oft haben stürmende Affekte
Den weichen Zwirn herumgezerrt,
Oft riesenmäßige Projekte
Des Fadens freien Schwung gesperrt;

Oft in wollüstig süser Stunde
War mir der Faden fast zu fein,
Noch öfter an der Schwermut Schauerschlunde
Mußt' er zu fest gesponnen seyn:

Diß, Klotho, und noch andre Lügen
Bitt ich dir izt mit Thränen ab,
Nun soll mir auch fortan genügen,
Was mir die weise Klotho gab.

Nur laß an Rosen nie die Scheere klirren,
An Dornen nur — doch wie du willst.
Laß, wenn du willst, die Todenscheere klirren,
Wenn du diß e i n e nur erfüllst.

Wenn, Göttin, izt an Laurens Mund beschworen
Mein Geist aus seiner Hülse springt,
Verrathen ob des Todenreiches Thoren
Mein junges Leben schwindelnd hängt,

Laß ins Unendliche den Faden wallen,
Er wallet durch ein Paradis,
Dann, Göttinn, laß die böse Scheere fallen!
O laß sie fallen, Lachesis!

Y.

14

Der Triumf der Liebe,

eine Hymne

Seelig durch die Liebe
Götter — durch die Liebe
Menschen Göttern gleich!
Liebe macht den Himmel
Himmlischer — die Erde
Zu dem Himmelreich.

Einstens hinter Pyrrhas Rüken.
Stimmen Dichter ein,
Sprang die Welt aus Felsenstüken,
Menschen aus dem Stein.

Stein und Felsen ihre Herzen,
Ihre Seelen Nacht,
Von des Himmels Flammenkerzen
Nie in Glut gefacht.

Noch mit sanften Rosenketten
Banden junge Amoretten
Ihre Seelen nie —
Noch mit Liedern ihren Busen
Huben nicht die weichen Musen,
Nie mit Saitenharmonie.

Ach! noch wanden keine Kränze
Liebende sich um!
Traurig flüchteten die Lenze
Nach Elisium.

Ungegrüßet stieg Aurora
Aus dem Schoos Ozeanus',
Ungeküsset sank die Sonne
In die Arme Hesperus'.

Wild umirrten sie die Hayne
Unter Lunas Nebelscheine,
Trugen eisern Joch.
Sehnend an der Sternenbühne
Suchte die geheime Thräne
Keine Götter noch.

---

14 Anth. s. 58—68

Und sieh! der blauen Fluth entquillt
Die Himmelstochter sanft und mild.
Getragen von Najaden
Zu trunkenen Gestaden.

Ein jugendlicher Mayenschwung,
Durchwebt wie Morgendämmerung
Auf das allmächtge W e r d e
Luft, Himmel, Meer und Erde.

Schon schmilzt der wütende Orkan
(Einst züchtigt' er den Ozean
Mit rasselndem Gegeissel)
In lispelndes Gesäusel.

Des holden Tages Auge lacht
In düstrer Wälder Winternacht,
Balsamische Narzissen
Blühn unter ihren Füßen.

Schon flötete die Nachtigall
Den ersten Sang der Liebe.
Schon murmelte der Quellen Fall
In weiche Busen Liebe.

Glükseeliger Pygmalion!
Es schmilzt, es glüht dein Marmor schon!
G o t t A m o r U e b e r w i n d e r!
Glükseeliger Deukalion!
Wie hüpfen deine Felsen schon
Und äugeln schon gelinder!
Glükseeliger Deukalion,
U m a r m e d e i n e K i n d e r!

Seelig durch die Liebe
Götter — durch die Liebe
Menschen Göttern gleich!
Liebe macht den Himmel
Himmlischer — die Erde
Zu dem Himmelreich.

Unter goldnem Nektarschaum
Ein wollüstger Morgentraum,
Ewig Lustgelage,
Fliehn der Götter Tage.

Prächtig spricht Chronions Donnerhorn,
Der Olympus schwankt erschroken,
Wallen zürnend seine Loken,
Sfärenwirbeln gibt sein Äthem Sporn,
Göttern läßt er seine Throne,
Niedert sich zum Erdensohne,
Seufzt arkadisch durch den Hayn;
Zahme Donner untern Füssen,
Schläft, gewiegt von Ledas Küssen,
Schläft der Riesentöder ein.

Majestätsche Sonnenrosse
Durch des Lichtes weiten Raum
Leitet Föbus' goldner Zaum,
Völker stürzt sein rasselndes Geschosse;
Seine weissen Sonnenrosse,
Seine rasselnden Geschosse,
Unter Lieb und Harmonie,
Ha! wie gern vergaß er sie!

Zitternd vor der Götterfürstin
Krümmen sich die Götter, dürsten
Nach der Gnade goldnem Thau.
Sonnenglanz ist ihre Schminke,
Myriaden jagen ihrem Winke,
Stolz vor ihrem Wagen prahlt der Pfau.

Schöne Fürstin! ach, die Liebe
Zittert, mit dem süßen Triebe
Deiner Majestät zu nahn.
Seht ihr Chronos' Tochter weinen?
Geister kann ihr Wink verneinen,
Herzen weißt sie nicht zu fahn.

Seelig durch die Liebe
Götter — durch die Liebe
Menschen Göttern gleich!
Liebe macht den Himmel
Himmlischer — die Erde
Zu dem Himmelreich.

Liebe sonnt das Reich der Nacht,
Amors süßer Zaubermacht
Ist der Orkus unterthänig,
Freundlich schmollt der schwarze König,
Wenn ihm Zeres' Tochter lacht;
Liebe sonnt das Reich der Nacht.

Himmlich in die Hölle klangen
Und den wilden Beller zwangen
Deine Lieder, Thrazier —
Minos, Thränen im Gesichte,
Mildete die Qualgerichte,
Zärtlich um Megärens Wangen
Küßten sich die wilden Schlangen,
Keine Geissel klatschte mehr,
Aufgejagt von Orfeus' Leyer
Flog von Tityon der Geyer,
Leiser hin am Ufer rauschten
Lethe und Kozytus, lauschten
Deinen Liedern, Thrazier,
Liebe sangst du, Thrazier.

Seelig durch die Liebe
Götter — durch die Liebe
Menschen Göttern gleich.

Liebe macht den Himmel
Himmlischer — die Erde
Zu dem Himmelreich.

Durch die ewige Natur
Düftet ihre Blumenspur,
Weht ihr goldner Flügel.
Winkte mir vom Mondenlicht
Afroditens Auge nicht,
Nicht vom Sonnenhügel,
Lächelte vom Sternenmeer
Nicht die Göttin zu mir her,
Wehte nicht ihr Flügel
In des Frühlings Balsamhauch,
Liebe nicht im Rosenstrauch,
Nicht im Kuß der Weste:
Stern und Sonn und Mondenlicht,
Frühling, Rosen, Weste nicht
Lüden mich zum Feste.
Liebe, Liebe lächelt nur
Aus dem Auge der Natur
Wie aus ihrem Spiegel!

Liebe rauscht der Silberbach,
Liebe lehrt ihn sanfter wallen;
Seele haucht sie in das Ach
Klagenreicher Nachtigallen,
Unnachahmliches Gefühl
In der Saiten Wonnespiel,
Wenn sie Laura! hallen.
Liebe, Liebe lispelt nur
Auf der Laute der Natur.

Weisheit mit dem Sonnenblik,
Große Göttin, tritt zurük,
Weiche vor der Liebe!
Nie Erobrern, Fürsten nie
Beugtest du ein Sklavenknie,
Beug es izt der Liebe!
Wer die steile Sternenbahn
Gieng dir heldenkühn voran
Zu der Gottheit Size?
Wer zerriß das Heiligthum,
Zeigte dir Elisium
Durch des Grabes Rize?
Lokte sie uns nicht hinein,
Möchten wir unsterblich seyn?
Suchten auch die Geister
Ohne sie den Meister?
Liebe, Liebe leitet nur
Zu dem Vater der Natur,
Liebe nur die Geister.

162—164. 168—180 auch in den 'Philosophischen Briefen', Thalia 1785. 3. heft s. 132. Dort v. 175 unsterblich nicht gesperrt

Seelig durch die Liebe
Götter — durch die Liebe
Menschen Göttern gleich.
Liebe macht den Himmel
Himmlischer — die Erde
Zu dem Himmelreich.

Y.

15

Klopstok und Wieland

(als ihre Silhouette neben einander hiengen)

Gewiß! bin ich nur überm Strome drüben,
Gewiß will ich den Mann zur Rechten lieben,
Dann erst schrieb dieser Mann für mich.
Für Menschen hat der linke Mann geschrieben,
Ihn darf auch unser einer lieben,
Komm, linker Mann! Ich küsse dich.

A.

16

Gespräch

A. Hört, Nachbar, muß euch närrisch fragen,
Herr Doktor Sänftel, hör ich sagen,
Ist euch noch frisch und ganz,
Wenn zu Paris gar herben Tanz
Herr Onkle that am Pferdeschwanz,
Und hat doch'n Churfürsten todgschlagen?

B. Drum seid auch nicht so bretterdumm,
Das macht, er hat euch 'n Diplom,
Das thät jener nicht haben.

A. Ey! 'n Diplom!
Kauft sich das auch in Schwaben?

O.

17

Vergleichung

Frau Ramlerin befiehlt, ich soll sie wem vergleichen,
Ich sinne nach und weiß nicht, wem und wie.
Nichts unterm Mond will mir ein Bildniß reichen,
Wohl! mit dem Mond vergleich ich sie.

---

15 Anth. s. 68
16 Anth. s. 69
17 Anth. s. 70. 71

Der Mond schminkt sich und stielt der Sonne Stralen,
Thut auf gestohlen Brod sich wunderviel zu gut.
Auch sie gewohnt, ihr Nachtgesicht zu malen,
Und kokettirt mit einer Büchse Blut.

Der Mond — und das mag ihm Herodes danken! —
Verspart sein Bestes auf die liebe Nacht.
Frau Ramlerin verzehrt bei Tag die Franken,
Die sie zu Nachtzeit eingebracht.

Der Mond schwillt an und wird dann wieder mager,
Wenn eben halt ein Monat über ist;
Auch dieses hat Frau Ramlerin vom Schwager,
Doch, sagt man, braucht sie längre Frist!

Der Mond prunkirt auf sein paar Silbenhörner,
Und dieses macht er schlecht,
Sie sieht sie an Herrn Ramler gerner,
Und darinn hat sie recht.

D.

18

Die Rache der Musen,

eine Anekdote vom Helikon

Weinend kamen einst die Neune
Zu dem Liedergott.
„Hör, Papachen", rief die kleine,
„Wie man uns bedroht!

„Junge Dintenleker schwärmen
Um den Helikon,
Rauffen sich, handthieren, lermen
Bis zu deinem Thron.

„Galoppiren auf dem Springer,
Reiten ihn zur Tränk,
Nennen sich gar hohe Sänger,
Barden ein'ge, denk!

„Wollen uns — wie garstig! — nöthen,
Ey! die Grobian!
Was ich, ohne Schaamerröthen,
Nicht erzählen kann;

„Einer brüllt heraus vor allen,
Schrei't: Ich führ das Heer!
Schlägt mit beiden Fäust und Ballen
Um sich wie ein Bär.

„Pfeift wohl gar — wie ungeschliffen! —
Andre Schläfer wach.

18 Anth. s. 72—75

Zweimal hat er schon gepfiffen,
Doch kommt keiner nach.

„Droht, er komm noch öfter wieder;
Da sey Zevs dafür!
Vater, liebst du Sang und Lieder,
Weis' ihm doch die Thür!"

Vater Föbus hört' mit Lachen
Ihren Klagbericht:
„Wollens kurz mit ihnen machen,
Kinder, zittert nicht!

„Eine muß ins höllsche Feuer,
Geh, Melpomene!
Leihe Kleider, Noten, Leyer
Einer Furie.

„Sie begegn' in dem Gewande,
Als wär sie verirrt,
Einem dieser Jaunerbande,
Wenn es dunkel wird.

„Mögen dann in finstern Küssen
An dem artgen Kind
Ihre wilden Lüste büßen,
Wie sie würdig sind."

Red' und That! — Die Höllengöttin
War schon aufgeschmükt.
Man erzählt, die Herren hätten
Kaum den Raub erblikt,

Wären, wie die Gey'r auf Tauben,
Losgestürzt auf sie —
Etwas will ich daran glauben,
Alles glaub ich nie.

Waren hübsche Jungens drunter;
Wie geriethen sie,
Dieses, Brüder, nimmt mich wunder,
In die Kompagnie?

Die Göttinn abortirt hernach:
Kam 'raus ein neuer — Allmanach.

19

Das Glük und die Weisheit

Entzweit mit einem Favoriten,
Flog einst Fortun' der Weisheit zu.

---

19 Anth. s. 76. 77

„Ich will dir meine Schäze bieten,
„Sei meine Freundinn du!

„Mein Füllhorn goß ich dem Verschwender
„In seinen Schoos so mütterlich!
„Und sieh! Er fodert drum nicht minder
„Und nennt noch geizig mich.

„Komm, Schwester, laß uns Freundschaft schliessen,
„Du keuchst so schwer an deinem Pflug,
„In deinen Schoos will ich sie giessen,
„Auf, folge mir! — Du hast genug."

Die Weisheit läßt die Schaufel sinken
Und wischt den Schweiß vom Angesicht:
„Dort eilt dein Freund — sich zu erhenken,
„Versöhnet euch — ich brauch dich nicht."

Rr.

20

An einen Moralisten

Fragment

Betagter Renegat der lächelnden Dione!
Du lehrst, daß Lieben Tändeln sey,
Blikst von des Alters Winterwolkenthrone
Und schmälest auf den goldnen May.

Erkennt Natur auch Schreibepultgeseze?
Für eine warme Welt — taugt ein erfrorner Sinn?
Die Armuth ist, nach dem Aesop, der Schäze
Verdächtige Verächterin.

Einst, als du noch das Nymfenvolk bekriegtest,
Ein Furst des Karnevals den teutschen Wirbel flogst,
Ein Himmelreich in beiden Armen wiegtest
Und Nektarduft von Mädchenlippen zogst —

Ha, Seladon! wenn damals aus den Achsen
Gewichen wär so Erd als Sonnenball,
In Wirbelschwung mit Julien verwachsen,
Du hättest überhört den Fall!

Und wenn nach manchen fehlgesprengten Minen
Ihr eignes Blut, von wilder Lust geglüht,
Die stolze Tugend deiner Schönen
Zulezt an deine Brust verrieth —

Wie? oder wenn romantisch im Gehölze
Ein leiser Laut zu deinen Ohren drang,
Und in der Wellen silbernem Gewälze
Ein Mädchen Sammetglieder schwang —

Wie schlug dein Herz! wie stürmete! wie kochte
Aufrührerisch das scharfgejagte Blut!

---

20 Anth. s. 78—81

Zukt jede Senn — und jeder Muskel pochte
Wollüstig in die Flut!

Wenn dann, gewahr des Diebs, der sie belauschte,
Purpurisch angehaucht von jüngferlicher Schaam,
Ins blaue Bett die Schöne niederrauschte,
Und hintennach mein strenger Zeno — schwamm;

Ja, hintennach — und sey's auch nur, zu baden!
Mit Rok und Kamisol und Strumpf —
— — — — — — — — — — —
— — — — — — — — — — —
Leis flöteten die lüsternen Najaden
Der Grazien Triumf!

O, denk zurük nach Deinen Rosentagen
Und lerne: die Philosopie
Schlägt um, wie unsre Pulse anders schlagen,
Zu Göttern schafft du Menschen nie.

Wohl! wenn ins Eis des klügelnden Verstandes
Das warme Blut ein bischen muntrer springt!
Laß den Bewohnern eines bessern Landes,
Was ewig nie dem Erdensohn gelingt.

Zwingt doch der thierische Gefährte
Den gottgebornen Geist in Sklavenmauren ein —
Er wehrt mir, daß ich Engel werde;
Ich will ihm folgen, Mensch zu seyn.

M.

21

Grabschrift eines gewissen — Physiognomen

Weß Geistes Kind im Kopf gesessen,
Konnt' er auf jeder Nase lesen:
Und doch — daß er es nicht gewesen,
Den Gott zu diesem Werk erlesen,
Konnt' er nicht auf der seinen lesen.

O.

22

Eine Leichenfantasie

1780

(in Musik zu haben beim Herausgeber)

Mit erstorbnem Scheinen
Steht der Mond auf todenstillen Haynen,

21 Anth. s. 81

22 Anth. s. 82—87 abschrift einer älteren fassung in dem poesiebuch von Schillers mitschüler Anton v. Herrenschwand, veröffentlicht von R. Weltrich in der Frankfurter Zeitung 1910, nr. 200, 22. juli. Darin folgende abweichungen: überschr.: Der Leichenzug.

Seufzend streicht der Nachtgeist durch die Luft —
Nebelwolken schauern,
Sterne trauern
Bleich herab, wie Lampen in der Gruft.
Gleich Gespenstern, stumm und hohl und hager,
Zieht in schwarzem Todenpompe dort
Ein Gewimmel nach dem Leichenlager
Unterm Schauerflor der Grabnacht fort.

Zitternd an der Krüke
Wer mit düstern rükgesunknem Blike,
Ausgegossen in ein heulend Ach,
Schwer genekt vom eisernen Geschike,
Schwankt dem stummgetragnen Sarge nach?
Floß es „Vater" von des Jünglings Lippe?
Nasse Schauer schauern fürchterlich
Durch sein gramgeschmolzenes Gerippe,
Seine Silberhaare bäumen sich. —

Aufgerissen seine Feuerwunde!
Durch die Seele Höllenschmerz!
„Vater" floß es von des Jünglings Munde,
„Sohn" gelispelt hat das Vaterherz.
Eißkalt, eißkalt liegt er hier im Tuche,
Und dein Traum so golden einst, so süß!
Süß und golden, Vater, dir zum Fluche!
Eißkalt, eißkalt liegt er hier im Tuche!
Deine Wonne und dein Paradis! —

Mild, wie, umweht von Elisiumslüften,
Wie, aus Auroras Umarmung geschlüpft,
Himmlisch umgürtet mit rosigten Düften,
Florens Sohn über das Blumenfeld hüpft,
Flog er einher auf den lachenden Wiesen,
Nachgespiegelt von silberner Flut,
Wollustflammen entsprühten den Küssen,
Jagten die Mädchen in liebende Glut.

Mutig sprang er im Gewüle der Menschen,
Wie auf Gebirgen ein jugendlich Reh,
Himmelum flog er in schweifenden Wünschen,
Hoch wie die Adler in wolkigter Höh,
Stolz, wie die Rosse sich sträuben und schäumen,
Werfen im Sturme die Mähnen umher,
Königlich wider den Zügel sich bäumen,
Trat er vor Sklaven und Fürsten daher.

---

4 Nebelwolken weinen 5 Sterne scheinen 8 im schwarzen 14 vom schmelmischen Geschicke 15 Schleicht dem 20 deine 24 Eiskalt, Vater, liegt er hier im Sarge 26 Donnert, donnert dir im innern Marke 27 Eiskalt, eiskalt liegt er hier im Sarge 29 von elisischen Lüften 32 Mayensohn über 33 Floh er 35 Feuerflammen 36 Mägdchen 37 in dem Kreise 39 Himmelan [Himmelum in der Anth. druckfehler?] 40 Ha! wie die Adler in sonnigter Höh! 42 im Stürmen 43 die Zügel

Heiter wie Frühlingstag schwand ihm das Leben,
   Floh ihm vorüber in Hesperus' Glanz,
Klagen ertränkt' er im Golde der Reben,
   Schmerzen verhüpft' er im wirbelnden Tanz.
Welten schliefen im herrlichen Jungen,
   Ha! wenn er einsten zum Manne gereift —
Freue dich, Vater! — im herrlichen Jungen
   Wenn einst die schlafenden Keime gereift!

Nein doch, Vater — Horch! die Kirchhofthüre brauset,
   Und die eh'rnen Angel klirren auf —
Wie's hinein ins Grabgewölbe grauset! —
   Nein doch, laß den Thränen ihren Lauf! —
Geh, du holder, geh im Pfad der Sonne
   Freudig weiter der Vollendung zu,
Lösche nun den edeln Durst nach Wonne,
   Gramentbundner, in Walhallas Ruh —

Wiedersehen — himmlischer Gedanke! —
   Wiedersehen dort an Edens Thor!
Horch! der Sarg versinkt mit dumpfigem Geschwanke,
   Wimmernd schnurrt das Todenseil empor!
Da wir trunken um einander rollten,
   Lippen schwiegen, und das Auge sprach —
Haltet! haltet! da wir boshaft grollten —
   Aber Thränen stürzten wärmer nach — —

Mit erstorbnem Scheinen
Steht der Mond auf todenstillen Haynen,
   Seufzend streicht der Nachtgeist durch die Luft.
      Nebelwolken schauern,
      Sterne trauern
   Bleich herab, wie Lampen in der Gruft.
Dumpfig schollerts überm Sarg zum Hügel,
   O um Erdballs Schäze nur noch einen Blik!
Starr und ewig schließt des Grabes Riegel,
Dumpfer — dumpfer schollerts über'm Sarg zum Hügel,
   Nimmer gibt das Grab zurük.

Y.

23

Aktäon

Wart! Deine Frau soll dich betrügen,
Ein andrer soll in ihren Armen liegen,
   Und Hörner dir hervor zum Kopfe blühn!

---

46 Flog ihm   49 Welten entschliefen im zärtlichen Jungen   50 einstens — druckfehler in der Anth.: Mann   52 Wann   53 Ha! die Kirchhofthüre   57 Geh, du holder Jüngling, geh   59 den heißen Durst   66 Lippen stummten   72 Nebelwolken weinen   73 Sterne greinen   75 Dumpfer   77 schließen Grabes Riegel   78 fehlt   79 Nimmer, nimmer, nimmer gibt
23 Anth. s. 100.

Entsezlich! mich im Bad zu überraschen
(Die Schande kann kein Aetherbad verwaschen)
Und mir nichts, dir nichts — fortzufliehn!

D.

24

Zuversicht der Unsterblichkeit

Zum neuen Leben ist der Tode hier erstanden,
Das weiß und glaub ich festiglich.
Mich lehrens schon die *Weisen ahnden*,
Und *Schurken überzeugen* mich.

D.

25

Vorwurf, an Laura

Mädchen, halt — wohin mit mir, du Lose?
Bin ich noch der stolze Mann? der Grose?
Mädchen, war das schön?
Sieh! Der Riese schrumpft durch dich zum Zwerge,
Weggehaucht die aufgewälzten Berge
Zu des Ruhmes Sonnenhöhn.

Abgepflüket hast du meine Blume,
Hast verblasen all die Glanzfantome,
Narrentheidigst in des Helden Raub.
Meiner Plane stolze Pyramiden
Trippelst du mit leichten Zefyrtritten
Schäkernd in den Staub.

Zu der Gottheit flog ich Adlerpfade,
Lächelte Fortunens Gaukelrade,
Unbesorgt, wie ihre Kugel fiel.
Jenseits dem Kozytus wollt' ich schweben
Und empfange sklavisch Tod und Leben,
Leben, Tod von einem Augenspiel.

Siegern gleich, die wach von Donnerlanzen
In des Ruhmes Eisenfluren tanzen,
Losgerissen von der Frynen Brust,
Wallet aus Aurorens Rosenbette
Gottes Sonne über Fürstenstädte,
Lacht die junge Welt in Lust!

Hüpft der Heldin noch dis Herz entgegen?
Trink ich Adler noch den Flammenregen
Ihres Auges, das vernichtend brennt?

24 Anth. s. 100
25 Anth. s. 101—105

In den Bliken, die vernichtend blinken,
Seh ich meine Laura Liebe winken,
Seh's und weine wie ein Kind.

Meine Ruhe, gleich dem Sonnenbilde
In der Welle, wolkenlos und milde,
Mädchen, hast du hingemordt.
Schwindelnd schwank ich auf der gähen Höhe,
Laura? — wenn mich — wenn mich Laura flöhe?
Und hinunterstrudelt mich das Wort.

Hell ertönt das Evoe der Zecher,
Freuden winken vom bekränzten Becher,
Scherze springen aus dem goldnen Wein.
Seit das Mädchen meinen Sinn beschworen,
Haben mich die Jünglinge verloren,
Freundlos irr ich und allein.

Lausch ich noch des Ruhmes Donnergloken?
Reizt mich noch der Lorbeer in den Loken?
Deine Leyr, Apollo Zynthius?
Nimmer, nimmer wiederhallt mein Busen,
Traurig fliehen die beschämten Musen,
Flieht Apollo Zynthius?

Will ich gar zum Weibe noch erlahmen?
Hüpfen noch bei Vaterlandes Namen
Meine Pulse lebend aus der Gruft?
Will ich noch nach Varus' Adler ringen?
Wünsch ich noch in Römerblut zu springen,
Wenn mein Hermann ruft? —

Köstlich ists — den Schwindel starrer Augen,
Seiner Tempel Weihrauchduft zu saugen,
Stolzer, kühner schwillt die Brust. —
Kaum erbettelt izt ein halbes Lächeln,
Was in Flammen jeden Sinn zu fächeln,
Zu empören jede Kraft gewußt. —

Daß mein Ruhm sich zum Orion schmiegte,
Hoch erhoben sich mein Name wiegte
In des Zeitstroms woogendem Gewühl!
Daß dereinst an meinem Monumente,
Stolzer thürmend nach dem Firmamente,
Chronos' Sense splitternd niederfiel' —

Lächelst du? — Nein! nichts hab ich verloren!
Stern und Lorbeer neid ich nicht den Thoren,
Leichen ihre Marmor nie —
Alles hat die Liebe mir errungen,
Ueber Menschen hätt' ich mich geschwungen,
Izo lieb ich sie!

Y.

---

55 druckfehler: der Schwindel

26

Ein Vater
an seinen Sohn

Wie die Himmelslüfte mit den Rosen
An den Frühlingsmorgen zärtlich kosen,
Kind, so schmeichelt dir
Jzt das äusre Glük in deinen Jugendtagen,
Thränen sahst du nur; noch rangen keine Klagen
Sich aus deiner Brust herfür.

Aber sieh! der Hain, der kaum entzüket,
Neigt sich, plözlich rast der Sturm, zerkniket
Liegt die Rosenblum!
O, so ist es, Sohn, mit unsern Sinnesfreuden,
Unserm Golde, unsern lichten Herrlichkeiten,
So mit unserm Flitterruhm.

Nur des Höchsten Abglanz, der Gerechte,
Welcher in dem schröklichen Gefechte
Zwischen Lust und Pflicht
Jener sich entringt, der höhern Weisheit Stimme
Folget, troz der Selbstsucht heißem Grimme,
Die sein Herz mit Schwerdern sticht —

Dessen Wollust trägt von hier die Bahre
Nicht, es löscht sie nicht der Strom der Jahre,
Nicht die Ewigkeit:
Angeleuchtet könnt' er in den lezten Blizen
Und vom Weltenumsturz angeschwungen sizen
Ohne Menschenbangigkeit.

W.

27

Die Messiade

Religion beschenkte diß Gedicht,
Auch umgekehrt? — Das fragt mich nicht.

Rr.

28

Kastraten und Männer

Ich bin ein Mann! — wer ist es mehr?
Wers sagen kann, der springe
Frei unter Gottes Sonn einher
Und hüpfe hoch und singe!

---

26 Anth. s. 110. 111
27 Anth. s. 111
28 Anth. s. 115—122

Zu Gottes schönem Ebenbild
Kann ich den Stempel zeigen,
Zum Born, woraus der Himmel quillt,
Darf ich hinunter steigen.

Und wol mir, daß ichs darf und kann!
Geht's Mädchen mir vorüber,
Rufts laut in mir: Du bist ein Mann!
Und küsse sie so lieber.

Und röther wird das Mädchen dann,
Und's Mieder wird ihr enge —
Das Mädchen weißt, ich bin ein Mann,
Drum wird ihr's Mieder enge.

Wie wird sie erst um Gnade schrei'n,
Ertapp ich sie im Bade?
Ich bin ein Mann, das fällt ihr ein,
Wie schrie sie sonst um Gnade?

Ich bin ein Mann, mit diesem Wort,
Begegn' ich ihr alleine,
Jag ich des Kaisers Tochter fort,
So lumpicht ich erscheine.

Und dieses goldne Wörtchen macht
Mir manche Fürstin holde.
Mich ruft sie — habt indessen Wacht,
Ihr Buben dort im Golde!

Ich bin ein Mann, das könnt ihr schon
An meiner Leier riechen,
Sie donnert wie im Sturm davon,
Sonst würde sie ja kriechen.

Zum Feuergeist im Rükenmark
Sagt meine Mannheit: Bruder;
Und herrschen beide löwenstark,
Umarmend an dem Ruder.

Aus eben diesem Schöpferfluß,
Woraus wir Menschen sprudeln,
Quillt Götterkraft und Genius,
Nur leere Pfeifen dudeln.

Tyrannen haßt mein Talisman
Und schmettert sie zu Boden,
Und kann er's nicht, führt er die Bahn
Freiwillig zu den Toden.

Pompejen hat mein Talisman
Bei Pharsalus bezwungen,
Roms Wollüstlinge Mann für Mann
Auf teutschen Sand gerungen.

Saht ihr den Römer stolz und kraus
In Afrika dort sizen?
Sein Aug speit Feuerflammen aus,
Als säht ihr Hekla blizen.

Da kommt ein Bube wolgemut,
Gibt manches zu verstehen —
„Sprich, du hättst auf Karthago's Schutt
Den Marius gesehen!" —

So spricht der stolze Römersmann,
Der Bub thät fürbaß eilen;
Das dankt der stolze Römersmann,
Das dankt er seinen P f e i l e n!

Drauf thäten seine Enkel sich
Ihr Erbtheil gar abdrehen
Und huben jedermänniglich
Anmuthig an zu krähen. —

O Pfui! und Pfui! und wieder Pfui!
Den Elenden! — sie haben
Verlüderlicht in e i n e m Hui
Des Himmels beste Gaben,

Dem lieben Herrgott sündiglich
Sein Konterfei verhunzet
Und in die Menschheit schweiniglich
Von diesem Nu gegrunzet

Und schlendern elend durch die Welt,
Wie Kürbisse, von Buben
Zu Menschenköpfen ausgehölt,
Die Schädel leere Stuben!

Wie Wein, von einem Chemikus
Durch die Retort getrieben:
Zum Teufel ist der Spiritus,
Das Flegma ist geblieben! —

Und fliehen jedes Weibsgesicht
Und zittern, es zu sehen —
Und dörften sie — und können nicht!
Da möchten sie vergehen! —

Und wenn das blonde Seidenhaar,
Und wenn die Kugelwaden,
Wenn lüstern Mund und Augenpaar
Zum Lustgenusse laden,

Und zehenmal das Halstuch fällt,
Und aus den losen Schlingen,
Halbkugeln einer bessern Welt,
Die vollen Brüste springen —

Führt gar der höllsche Schadenfroh
Sie hin, wo Nimfen baden,
Daß ihre Herzen lichterloh
Von diebschen Flammen braten,

Wo ihrem Blik der Spiegelfluß
E l i s i u m entziffert,

76 druckfehler: leree

Arkana, die kein Genius
  Dem Aug je blos geliefert,

Und Ja! die tollen Wünsche schrei'n,
  Und Nein! die Sinne brummen —
O Tantal! stell dein Murren ein!
  Du bist noch gut durchkommen! —

Kein kühler Tropfen in den Brand!
  Das heiß' ich auch beteufeln!
Gefühl ist ihnen Kontreband,
  Sonst müssen sie verzweifeln!

Drum fliehn sie jeden Ehrenmann,
  Sein Glük wird sie betrüben —
Wer keinen Menschen machen kann,
  Der kann auch keinen lieben.

Drum tret ich frei und stolz einher
  Und brüste mich und singe:
Ich bin ein Mann! — Wer ist es mehr?
  Der hüpfe hoch und springe!

O.

29

An den Frühling

Willkommen, schöner Jüngling!
  Du Wonne der Natur!
Mit deinem Blumenkörbchen
  Willkommen auf der Flur!

Ey! Ey! da bist ja wieder!
  Und bist so lieb und schön!
Und freun wir uns so herzlich,
  Entgegen dir zu gehn.

Denkst auch noch an mein Mädchen?
  Ey, lieber, denke doch!
Dort liebte mich das Mädchen,
  Und 's Mädchen liebt mich noch!

Fürs Mädchen manches Blümchen
  Erbettelt' ich von dir —
Ich komm und bettle wieder,
  Und du? — du gibst es mir.

Willkommen, schöner Jüngling!
  Du Wonne der Natur!
Mit deinem Blumenkörbchen
  Willkommen auf der Flur!

M.

107 druckfehler: Ihnen
29 Anth. s. 123. 124

30

Hymne an den Unendlichen

Zwischen Himmel und Erd, hoch in der Lüfte Meer,
In der Wiege des Sturms trägt mich ein Zakenfels,
Wolken thürmen
Unter mir sich zu Stürmen,
Schwindelnd gaukelt der Blik umher,
Und ich denke dich, Ewiger.

Deinen schauernden Pomp borge dem Endlichen,
Ungeheure Natur! Du der Unendlichkeit
Riesentochter!
Sei mir Spiegel Jehovahs!
Seinen Gott dem vernünftgen Wurm
Orgle prächtig, Gewittersturm!

Horch! er orgelt — Den Fels wie er herunterdrönt!
Brüllend spricht der Orkan Zebaoths Namen aus.
Hingeschrieben
Mit dem Griffel des Blizes:
K r e a t u r e n , e r k e n n t i h r m i c h ?
Schone, Herr! wir erkennen dich.

Y.

31

Die Gröse der Welt

Die der schaffende Geist einst aus dem Chaos schlug,
Durch die schwebende Welt flieg ich des Windes Flug,
Bis am Strande
Ihrer Wogen ich lande,
Anker werf', wo kein Hauch mehr weht,
Und der Markstein der Schöpfung steht.

Sterne sah ich bereits jugendlich auferstehn,
Tausendjährigen Gangs durchs Firmament zu gehn,
Sah sie spielen
Nach den lokenden Zielen,
Irrend suchte mein Blik umher,
Sah die Räume schon — sternenleer.

Anzufeuren den Flug weiter zum Reich des Nichts,
Steur' ich muthiger fort, nehme den Flug des Lichts,
Neblicht trüber
Himmel an mir vorüber,
Weltsysteme, Fluten im Bach,
Strudeln dem Sonnenwandrer nach.

---

30 Anth. s. 126. 127
31 Anth. s. 128—130 16 Leitzmann, Euphorion XIV, 615 will: Himmelan mir vorüber

Sieh, den einsamen Pfad wandelt ein Pilger mir
Rasch entgegen — „Halt an! Waller, was suchst du hier?“
„„Zum Gestade
Seiner Welt meine Pfade!
Seegle hin, wo kein Hauch mehr weht,
Und der Markstein der Schöpfung steht!““

„Steh! du seegelst umsonst — vor dir Unendlichkeit!“
„„Steh! du seegelst umsonst — Pilger, auch hinter mir!
Senke nieder,
Adlergedank, dein Gefieder!
Kühne Seeglerin Fantasie,
Wirf ein muthloses Anker hie!““

Y.

32
Meine Blumen

Schöne Frühlingskinder, lächelt,
Jauchzet, Veilchen auf der Au!
Süßer Balsamathem fächelt
Aus des Kelches Himmelblau.
Schön das Kleid mit Licht gestiket,
Schön hat Flora euch geschmüket
Mit des Busens Perlenthau!
Holde Frühlingskinder, weinet!
S e e l e n hat sie euch verneinet,
Trauert, Blümchen auf der Au!

Nachtigall und Lerche flöten
Minnelieder über euch,
Und in euren Balsambeeten
Gattet sich das Fliegenreich.
Schuf nicht für die süsen Triebe
Euren Kelch zum Thron der Liebe
So wollüstig die Natur?
Sanfte Frühlingskinder, weinet!
Liebe hat sie e u c h verneinet,
Trauert, Blümchen auf der Flur!

Aber wenn, vom Dom umzingelt,
Meine Laura euch zerknikt
Und in einen Kranz geringelt
Thränend ihrem Dichter schikt —
Leben, Sprache, Seelen, Herzen,
Flügelboten süser Schmerzen!
Goß euch diß Berühren ein.
Von Dionen angefächelt,
Schöne Frühlingskinder, lächelt,
Jauchzet, Blumen in dem Hayn!

Y.

---

32 Anth. s. 132. 133

33

Das Geheimniß der Reminiszenz

An Laura

Ewig starr an Deinem Mund zu hangen,
Wer enträzelt dieses Wutverlangen?
Wer die Wollust, Deinen Hauch zu trinken,
In Dein Wesen, wenn sich Blike winken,
  Sterbend zu versinken?

Fliehen nicht verrätherisch — wie Sklaven,
Weggeworfen faigen Muths die Waffen —
Meine Geister hin im Augenblike,
Stürmend über meines Lebens Brüke,
  Wenn ich Dich erblike?

Sprich, warum entlaufen sie dem Meister?
Suchen dort die Heimat meine Geister?
Oder küssen die getrennten Brüder,
Losgeraft vom Kettenband der Glieder,
  Dort bei *Dir* sich wieder? —

Laura? träum' ich? ras' ich? — die Gedanken
Ueberwirbeln des Verstandes Schranken —
Sieh! der Wahnsinn ist des Räzels kunder,
Staune, Weisheit, auf des Wahnsinns Wunder
  Neidischbleich herunter!

Waren unsre Wesen schon verflochten?
War es darum, daß die Herzen pochten?
Waren wir im Stral *erloschner Sonnen*,
In den Tagen lang begrabner Wonnen,
  Schon in *Eins* zerronnen?

Ja, wir warens — Eins mit Deinem Dichter
Warst Du, Laura — warst ein Weltzernichter! —
Meine Muse sah es auf der trüben
Tafel der Vergangenheit geschrieben:
  Eins mit deinem Lieben!

Aber ach! — die sel'gen Augenblike
Weinen leiser in mein Ohr zurüke —
Könnten Grolls die Gottheit Sünder schelten,
Laura — den Monarchen aller Welten
  Würd' ich *Neides* schelten!

Aus den Angeln drehten wir Planeten,
Badeten in lichten Morgenröthen,
In den Loken spielten Edens Düfte,
Und den Silbergürtel unsrer Hüfte
  Wiegten Mayenlüfte.

Uns entgegen gossen Nektarquellen
Tausendrörigt ihre Wollustwellen,

---

33 Anth. s. 137—146

Unserm Winke sprangen Chaosriegel,
Zu der Wahrheit lichtem Sonnenhügel
Schwang sich unser Flügel.

Unsern Augen riß der Dinge Schleyer,
Unsre Blike, flammender und freyer,
Sahen in der Schöpfung Labyrinthen,
Wo die Augen Lyonets verblinden,
Sich noch Räder winden —

Tief, o Laura, unter jener Wonne
Wälzte sich des Glükes Nietentonne;
Schweifend durch der Wollust weite Lande,
Warfen wir der Sätt'gung Ankerbande
Ewig nie am Strande —

Weine, Laura — dieser Gott ist nimmer,
Du und ich des Gottes schöne Trümmer,
Und in uns ein unersättlich Drängen,
Das verlorne Wesen einzuschlingen,
Gottheit zu erschwingen!

Darum, Laura, dieses Wutverlangen,
Ewig starr an deinem Mund zu hangen,
Und die Wollust, deinen Hauch zu trinken,
In dein Wesen, wenn sich Blike winken,
Sterbend zu versinken!

Darum fliehn verrätherisch — wie Sklaven,
Weggeworfen faigen Muts die Waffen —
Meine Geister hin im Augenblike,
Stürmend über meines Lebens Brüke,
Wenn ich Dich erblike!

Darum nur entlaufen sie dem Meister,
Ihre Heimat suchen meine Geister;
Losgeraft vom Kettenband der Glieder,
Küssen sich die langgetrennten Brüder
Wiederkennend wieder.

Töne! Flammen! zitterndes Entzüken!
Wesen lechzt, an Wesen anzurüken —
Wie beim Anblik einer Freundsgaleere
Friedensflaggen im Ostindermeere
Wehen lassen Heere;

Aufgejagt von froher Pulverweke,
Springt das Schiffsvolk freudig auf's Verdeke,
Hoch im Winde schwingen sie die Hüte,
Posidaons woogendes Gebiete
Drönt von ihrem Liede. —

War es nicht dis freudige Entsezen,
Als mir's ward, an Lauren mich zu lezen?
Ha! das Blut voll wütendem Verlangen
Drängte sich muthwillig zu den Wangen,
Lauren zu empfangen —

Und auch Du — da mich dein Auge spähte,
Was verrieth der Wangen Morgenröthe? — —
Floh'n wir nicht, als wären wir verwandter,
Freudig, wie zur Heimat ein Verbannter,
  Brennend an einander? —

Sieh, o Laura, deinen Dichter weinen!
Wie verlor'ne Sterne wieder scheinen,
Flimmen öfters, flüchtig, gleich dem Blize,
Traurigmahnend an die Göttersize,
  Stralen durch die Rize —

Oftmals lispeln der Empfindung Saiten
Leise Ahndung jener goldnen Zeiten —
Wenn sich schüchtern unsre Augen grüsen,
Seh ich träumend in den Paradiesen
  Nektarströme fliesen. —

Ach, zu oft nur waffn' ich meine Mächte,
Zu erobern die verlornen Rechte —
Klimme kühner bis zur Nektarquelle,
Poche siegend an des Himmels Schwelle —
  Taumle rük zur Hölle!

Wenn dein Dichter sich an deine süsen
Lippen klammert mit berauschten Küssen,
Fremde Töne um die Ohren schwirren,
Unsre Wesen aus den Fugen irren,
  Strudelnd sich verwirren,

Und, verkauft vom Meineid der Vasallen,
Unsre Seelen ihrer Welt entfallen,
Mit des Staubs Tyrannensteuer pralen,
Tod und Leben zu wollüstgen Qualen
  Gaukeln in den Schaalen,

Und wir beide — näher schon den Göttern —
Auf der Wonne gähe Spize klettern,
Mit den Leibern sich die Geister zanken,
Und der Endlichkeit despotsche Schranken —
  Sterbend — überschwanken —

Waren, Laura, diese Lustsekunden
Nicht ein Diebstal jener Götterstunden?
Nicht Entzüken, die uns einst durchfuhren?
Ineinanderzukender Naturen,
  Ach! nur matte Spuren?

Hat dir nicht ein Stral zurükgeglostet?
Hast du nicht den Göttertrank gekostet? —
Ach! ich sah den Purpur deiner Wangen! —
War es doch der Wesen, die sich schlangen,
  Eitles Unterfangen! — —

Laura — majestätisch anzuschauen
Stand ein Baum in Edens Blumenauen:
„Seine Frucht vernein' ich eurem Gaume,

„Wißt! der Apfel an dem Wunderbaume
„Labt — mit *Göttertraume*."

Laura — weine unsers Glükes Wunde! —
Saftig war der Apfel ihrem Munde — — —
Bald — als sie sich *Unschuldsvoll* umrollten —
Sieh! — wie Flammen ihr Gesicht vergoldten! —
— Und die Teufel schmollten.

Y.

34

Gruppe aus dem Tartarus

Horch — wie Murmeln des empörten Meeres,
Wie durch holer Felsen Beken weint ein Bach,
Stöhnt dort dumpfigtief ein schweres — leeres
Qualerpreßtes Ach!

Schmerz verzerret
Ihr Gesicht — Verzweiflung sperret
Ihren Rachen fluchend auf.
Hol sind ihre Augen — ihre Blike
Spähen bang nach des Kozytus Brüke,
Folgen tränend seinem Trauerlauf. —

Fragen sich einander ängstlich leise:
Ob noch nicht Vollendung sey? —
Ewigkeit schwingt über ihnen Kraise,
Bricht die Sense des Saturns entzwey.

Y.

35

Die Freundschaft

(aus den Briefen Julius' an Raphael; einem noch ungedrukten Roman)

Freund! genügsam ist der Wesenlenker —
Schämen sich kleinmeisterische Denker,
Die so ängstlich nach Gesezen spähn —
Geisterreich und Körperweltgewühle
Wälzet *Eines* Rades Schwung zum Ziele,
Hier sah es mein Newton gehn.

Sfären lehrt es, Sklaven *eines* Zaunes,
Um das Herz des grosen Weltenraumes
Labyrinthenbahnen ziehn —
Geister in umarmenden Systemen
Nach der *grosen Geistersonne* strömen,
Wie zum Meere Bäche fliehn.

---

34 Anth. s. 147
35 Anth. s. 148—151

War's nicht diß allmächtige Getriebe,
Das zum ew'gen Jubelbund der Liebe
Unsre Herzen aneinander zwang?
Raphael, an deinem Arm — o Wonne!
Wag auch ich zur grosen Geistersonne
Freudigmutig den Vollendungsgang.

Glüklich! glüklich! Dich hab ich gefunden,
Hab aus Millionen Dich umwunden,
Und aus Millionen mein bist Du —
Laß das Chaos diese Welt umrütteln,
Durcheinander die Atomen schütteln;
Ewig fliehn sich unsre Herzen zu.

Muß ich nicht aus Deinen Flammenaugen
Meiner Wollust Wiederstralen saugen?
Nur in Dir bestaun ich mich —
Schöner malt sich mir dir schöne Erde,
Heller spiegelt in des Freunds Gebärde,
Reizender der Himmel sich.

Schwermut wirft die bange Thränenlasten,
Süser von des Leidens Sturm zu rasten,
In der Liebe Busen ab; —
Sucht nicht selbst das folternde Entzüken
In des Freunds beredten Stralenbliken
Ungedultig ein wollüstges Grab? —

Stünd im All der Schöpfung ich alleine,
Seelen träumt' ich in die Felsensteine,
Und umarmend küßt' ich sie —
Meine Klagen stöhnt' ich in die Lüfte,
Freute mich, antworteten die Klüfte,
Thor genug! der süsen Sympathie.

Tode Gruppen sind wir — wenn wir hassen;
Götter — wenn wir liebend uns umfassen!
Lechzen nach dem süsen Fesselzwang —
Aufwärts durch die tausendfache Stufen
Zalenloser Geister, die nicht schufen,
Waltet göttlich dieser Drang.

Arm in Arme, höher stets und höher,
Vom Mongolen bis zum griechischen Seher,
Der sich an den lezten Seraf reyht,
Wallen wir einmüth'gen Ringeltanzes,
Bis sich dort im Meer des ew'gen Glanzes
Sterbend untertauchen Maaß und Zeit —

13—42 wiederabgedruckt in den 'Philosophischen Briefen'. Thalia 1785. 3. heft s. 123 f., v. 43—60 ebenda s. 130 f. mit folgenden varianten: 15 Unsre nicht gesperrt 16 deinem nicht gesperrt 18 Freudig den 19 Dich nicht gesperrt 20 Dich nicht gesp. 21 Du nicht gesp. 22 Laß das wilde Chaos wiederkehren, 23 Durch einander die Atomen stören 25 Deinen nicht gesp. 26 Meiner nicht gesp. 27 Dir nicht gesp. 35 Raphael, in deinen Seelenbliken 50 druckfehler in der Anth.: Mogolen — Thalia: Barbaren

Freundlos war der grose Weltenmeister,
Fühlte *Mangel* — darum schuf er Geister,
  Sel'ge Spiegel *seiner* Seligkeit! —
Fand das höchste Wesen schon kein Gleiches,
Aus dem Kelch des ganzen Seelenreiches
  Schäumt *ihm* — die Unendlichkeit.

Y.

36

Der Wirtemberger

Der Name Wirtemberg
Schreibt sich von Wirt am Berg —
Ein Wirtemberger *ohne Wein*,
Kann der ein Wirtemberger seyn?

O.

37

Melancholie, an Laura

Laura — Sonnenaufgangsglut
Brennt in deinen goldnen Bliken,
  In den Wangen springt purpurisch Blut,
  Deiner Thränen Perlenflut
Nennt noch Mutter das Entzüken —
  Dem der schöne Tropfe thaut,
  Der darinn Vergöttrung schaut,
Ach, dem Jüngling, der belohnet wimmert,
Sonnen sind ihm aufgedämmert!

  Deine Seele, gleich der Spiegelwelle
  Silberklar und Sonnenhelle,
Mayet noch den trüben Herbst um dich,
Wüsten, öd und schauerlich,
  Lichten sich in deiner Stralenquelle,
Düstrer Zukunft Nebelferne
Goldet sich in deinem Sterne;
Lächelst du der Reizeharmonie?
Und ich weine über sie. —

Untergrub denn nicht der Erde Veste
  Lange schon das Reich der Nacht?
Unsre stolz aufthürmenden Palläste,
  Unsrer Städte majestätsche Pracht
Ruhen all auf modernden Gebeinen,
  Deine Nelken saugen süßen Duft
Aus Verwesung, deine Quellen weinen
  Aus dem Beken einer — Menschengruft.

---

56 Mangel nicht gesp. 59 Wesenreiches 60 ihm nicht gesp.
36 Anth. s. 162 1 druckfehler: Wirtenberg
37 Anth. s. 166—172

Blik empor — die schwimmenden Planeten,
Laß dir, Laura, seine Welten reden!
Unter ihrem Zirkel flohn
Tausend bunte Lenze schon,
Thürmten tausend Throne sich,
Heulten tausend Schlachten fürchterlich.
In den eisernen Fluren
Suche ihre Spuren!
Früher, später reif zum Grab,
Laufen, ach, die Räder ab
An Planetenuhren.

Blinze dreimal — und der Sonnen Pracht
Löscht im Meer der Todennacht!
Frage mich, von wannen Deine Stralen lodern!
Pralst du mit des Auges Glut?
Mit der Wangen frischem Purpurblut,
Abgeborgt von mürben Modern?
Wuchernd fürs geliehne Roth,
Wuchernd, Mädchen, wird der Tod
Schwere Zinsen fodern!

Rede, Mädchen, nicht dem Starken Hohn!
Eine schönre Wangenröthe
Ist doch nur des Todes schönrer Thron,
Hinter dieser blumigten Tapete
Spannt den Bogen der Verderber schon —
Glaub es — glaub es, Laura, deinem Schwärmer!
Nur der Tod ist's, dem dein schmachtend Auge win
Jeder deiner Stralenblike trinkt
Deines Lebens karges Lämpchen ärmer;
Meine Pulse, pralest Du,
Hüpfen noch so jugendlich von dannen —
Ach! die Kreaturen des Tyrannen
Schlagen tükisch der Verwesung zu.

Aus einander bläßt der Tod geschwind
Dieses Lächeln, wie der Wind
Regenbogenfarbigtes Geschäume,
Ewig fruchtlos suchst du seine Spur;
Aus dem Frühling der Natur,
Aus dem Leben, wie aus seinem Keime
Wächst der ew'ge Würger nur.

Weh! entblättert seh ich deine Rosen liegen,
Bleich erstorben deinen süsen Mund,
Deiner Wangen wallendes Rund
Werden rauhe Winterstürme pflügen,
Düstrer Jahre Nebelschein
Wird der Jugend Silberquelle trüben,
Dann wird Laura — Laura nicht mehr lieben,
Laura nicht mehr liebenswürdig seyn.

Mädchen — stark wie Eiche stehet noch dein Dichter,
    Stumpf an meiner Jugend Felsenkraft
    Niederfällt des Todenspeeres Schaft,
Meine Blike brennend wie die Lichter
    Seines Himmels — feuriger mein Geist
Denn die Lichter seines ew'gen Himmels,
Der im Meere eignen Weltgewimmels
    Felsen thürmt und niederreißt.
Kühn durchs Weltall steuern die Gedanken,
Fürchten nichts — als seine Schranken.

Glühst du, Laura? Schwillt die stolze Brust?
Lern' es, Mädchen, dieser Trank der Lust,
    Dieser Kelch, woraus mir Gottheit düftet —
    Laura — ist vergiftet!
Unglükselig! unglükselig! die es wagen,
Götterfunken aus dem Staub zu schlagen.
    Ach, die kühnste Harmonie
Wirft das Saitenspiel zu Trümmer,
    Und der lohe Aetherstral Genie
Nährt sich nur vom Lebenslampenschimmer —
    Wegbetrogen von des Lebens Thron,
    Frohnt ihm jeder Wächter schon!
Ach! schon schwören sich, mißbraucht zu frechen Flammen,
Meine Geister wider mich zusammen!
Laß — ich fühls — laß, Laura, noch zween kurze
    Lenze fliegen — und diß Moderhaus
Wiegt sich schwankend über mir zum Sturze,
Und in eignem Strale lösch ich aus. — —

Weinst du, Laura? — Thräne, sei verneinet,
Die des Alters Strafloos mir erweinet,
    Weg! Versiege, Thräne Sünderin!
Laura will, daß meine Kraft entweiche,
Daß ich zitternd unter dieser Sonne schleiche,
    Die des Jünglings Adlergang gesehn? —
Daß des Busens lichte Himmelsflamme
Mit erfrornem Herzen ich verdamme,
Daß die Augen meines Geists verblinden,
Daß ich fluche meinen schönsten Sünden?
    Nein! versiege, Thräne Sünderin! —
Brich die Blume in der schönsten Schöne,
Lösch, o Jüngling mit der Trauermiene,
    Meine Fakel weinend aus!
Wie der Vorhang an der Trauerbühne
Niederrauschet bei der schönsten Scene,
    Fliehn die Schatten — und noch schweigend horcht das Haus. —

Y.

38

Die Pest, eine Fantasie

Gräßlich preisen Gottes Kraft
  Pestilenzen, würgende Seuchen,
Die mit der grausen Brüderschaft
  Durchs öde Thal der Grabnacht schleichen.

  Bang ergreifts das klopfende Herz,
Gichtrisch zukt die starre Sehne,
Gräßlich lacht der Wahnsinn in das Angstgestöhne,
  In heulende Triller ergeußt sich der Schmerz.

Raserei wälzt tobend sich im Bette —
Gift'ger Nebel wallt um ausgestorbne Städte,
  Menschen — hager — hohl und bleich —
  Wimmeln in das finstre Reich.
Brütend liegt der Tod auf dumpfen Lüften,
Häuft sich Schäze in gestopften Grüften,
  Pestilenz sein Jubelfest.
Leichenschweigen — Kirchhofstille
Wechseln mit dem Lustgebrülle,
  Schröklich preiset Gott die Pest.

Y.

39

Das Muttermal

Mann

Sieh, Schäzchen, wie der Bub mir gleicht,
Selbst meine Narbe von den Poken!

Frau

Mein Engel, das begreif ich leicht,
Bin auch 'nmal recht an dir erschroken.

Rr.

40

Monument Moors des Räubers

Vollendet!
Heil dir! Vollendet!
Majestätischer Sünder!
Deine furchtbare Rolle vollbracht!

38 Anth. s. 173. 174
39 Anth. s. 174
40 Anth. s. 177–180

Hoher Gefallener!
Deines Geschlechts Beginner und Ender!
Seltner Sohn ihrer schröklichsten Laune,
Erhabner Verstoß der Mutter Natur!

Durch wolkigte Nacht ein prächtiger Bliz!
Hui! hinter ihm schlagen die Pforten zusammen!
Geizig schlingt ihn der Rachen der Nacht!
Zuken die Völker
Unter seiner verderbenden Pracht!
Aber Heil dir! vollendet!
Majestätischer Sünder!
Dein furchtbare Rolle vollbracht!

Modre — verstieb
In der Wiege des offnen Himmels!
Fürchterlich jedem Sünder zur Schau,
Wo dem Thron gegenüber
Heißer Ruhmsucht furchtbare Schranke steigt!
Siehe! der Ewigkeit übergibt dich die Schande!
Zu den Sternen des Ruhms
Klimmst du auf den Schultern der Schande!
Einst wird unter dir auch die Schande zerstieben,
Und dich reicht — die Bewunderung.

Nassen Auges an deinem schauernden Grabe
Männer vorüber —
Freue dich der Thräne der Männer,
Des Gerichteten Geist!
Nassen Auges an deinem schauernden Grabe
Jüngst ein Mädchen vorüber,
Hörte die furchtbare Kunde
Deiner Thaten vom steinernen Herold,
Und das Mädchen — freue dich! freue dich!
Wischte die Thräne nicht ab.
Ferne stand ich — sah die Perle fallen,
Und ich rief ihr: Amalia!

Jünglinge! Jünglinge!
Mit des Genies gefährlichem Aetherstral
Lernt behutsamer spielen!
Störrig knirscht in den Zügel das Sonnenroß;
Wie's am Seile des Meisters
Erd und Himmel in sanfterem Schwunge wiegt,
Flammts am kindischen Zaume
Erd und Himmel in lodernden Brand.
Unterging in den Trümmern
Der muthwillige Phäeton!

Kind des himmlischen Genius,
Glüendes thatenlechzendes Herz!
Reizet dich das Mal meines Räubers?
War wie du glüenden thatenlechzenden Herzens,
War wie du des himmlischen Genius Kind.
Aber du lächelst und gehst —

Dein Blik durchfliegt den Raum der Weltgeschichte,
Moorn den Räuber findest du nicht —
Steh und lächle nicht, Jüngling!
Seine Sünde lebt — lebt seine Schande,
Räuber Moor nur, ihr Name, nicht.

Vom Verfasser der Räuber.

41

Morgenfantasie

Frisch athmet des Morgens lebendiger Hauch,
Purpurisch zukt durch düstre Tannenrizen
Das junge Licht und äugelt aus dem Strauch,
In goldnen Flammen blizen
Der Berge Wolkenspizen,
Mit freudig melodisch gewirbeltem Lied
Begrüßen erwachende Lerchen die Sonne,
Die schon in lachender Wonne
Jugendlichschön in Auroras Umarmungen glüht.

Sei, Licht, mir gesegnet!
Dein Stralenguß regnet
Erwärmend hernieder auf Änger und Au.
Wie silberfarb flittern
Die Wiesen, wie zittern
Tausend Sonnen in perlendem Thau!

In säuselnder Kühle
Beginnen die Spiele
Der jungen Natur,
Die Zephyre kosen
Und schmeicheln um Rosen,
Und Düfte beströmen die lachende Flur.

Wie hoch aus den Städten die Rauchwolken dampfen!
Laut wiehern und schnauben und knirschen und strampfen
Die Rosse, die Farren;
Die Wagen erknarren
Ins ächzende Thal.
Die Waldungen leben,
Und Adler und Falken und Habichte schweben
Und wiegen die Flügel im blendenden Stral.

Den Frieden zu finden,
Wohin soll ich wenden
Am elenden Stab?
Die lachende Erde
Mit Jünglingsgebärde
Für mich nur ein Grab!

---

41 Anth. s. 184—186

Steig empor, o Morgenroth und röthe
Mit purpurnem Kusse Hain und Feld!
Säusle nieder, Abendroth, und flöte
Sanft in Schlummer die erstorbne Welt!
Morgen — ach! du röthest
Eine Todenflur,
Ach! und du, o Abendroth, umflötest
Meinen langen Schlummer nur.

Y.

42
An Minna

Träum' ich? Ist mein Auge trüber?
Nebelt's mir ums Angesicht?
Meine Minna geht vorüber?
Meine Minna kennt mich nicht?
Die am Arme seichter Laffen
Blähend mit dem Fächer ficht,
Nimmer satt, sich zu begaffen —
Meine Minna ist es nicht.

Von dem Sonnenhute niken
Stolze Federn, mein Geschenk,
Schlaifen, die den Busen schmüken,
Rufen: Minna, sei gedenk!
Blumen, die ich selbst erzogen,
Zieren Brust und Loken noch —
Ach, die Brust, die mir gelogen! —
Und die Blumen blühen doch!

Geh, umhüpft von leeren Schmeichlern!
Geh! vergiß auf ewig mich!
Ueberliefert feilen Heuchlern,
Eitles Weib, veracht' ich dich.
Geh! dir hat ein Herz geschlagen,
Dir ein Herz, das edel schlug,
Groß genug, den Schmerz zu tragen,
Daß es einer Hure schlug.

Schönheit hat dein Herz verdorben,
Dein Gesichtgen! schäme dich!
Morgen ist sein Glanz erstorben,
Seine Rose blättert sich.
Schwalben, die im Lenze minnen,
Fliehen, wenn der Nordwind weht,
Buler scheucht dein Herbst von hinnen,
Einen Freund hast du verschmäht.

In den Trümmern deiner Schöne
Seh ich dich verlassen gehn,
Weinend in die Blumenscene
Deines Mays zurüke sehn.

42 Anth. s. 190—192

Die mit heißem Liebesgeize
Deinem Kuß entgegen flohn,
Zischen dem erloschnen Reize,
Lachen deinem Winter Hohn.

Schönheit hat Dein Herz verdorben,
Dein Gesichtgen! schäme dich!
Morgen ist sein Glanz erstorben,
Seine Rose blättert sich —
Ha! wie will ich dann dich höhnen! —
Höhnen? Gott bewahre mich!
Weinen will ich bittre Thränen,
Weinen, Minna, über dich!

M.

43
Elisium
Eine Kantate
Chor

Vorüber die stönende Klage!
Elisiums Freudengelage
Ersäufen jedwedes Ach —
Elisiums Leben
Ewige Wonne, ewiges Schweben,
Durch lachende Fluren ein flötender Bach!

Erste Stimme

Jugendlich milde
Beschwebt die Gefilde
Ewiger May,
Die Stunden entfliehen in goldenen Träumen,
Die Seele schwillt aus in unendlichen Räumen,
Wahrheit reißt hier den Schleyer entzwei.

Zweite Stimme

Unendliche Freude
Durchwallet das Herz.
Hier mangelt der Name dem trauernden Leyde,
Sanfter Entzüken nur heißet hier Schmerz.

Dritte Stimme

Hier streket der wallende Pilger die matten
Brennenden Glieder im säuselnden Schatten,
Leget die Bürde auf ewig dahin —
Seine Sichel entfällt hier dem Schnitter;
Eingesungen von Harfengezitter,
Träumt er geschnittene Halmen zu sehn.

---

43 Anth. s. 196—198

Vierte Stimme

Dessen Fahne Donnerstürme wallte,
Dessen Ohren Mordgebrüll umhallte,
Berge bebten unter dessen Donnergang,
Schläft hier linde bei des Baches Rieseln,
Der wie Silber spielet über Kieseln,
Ihm verhallet wilder Speere Klang.

Fünfte Stimme

Hier umarmen sich getreue Gatten,
Küssen sich auf grünen sammtnen Matten,
Liebgekoßt vom Balsamwest;
Ihre Krone findet hier die Liebe,
Sicher vor des Todes strengem Hiebe,
Feyert sie ein ewig Hochzeitfest.

M.

44
Quirl

Euch wundert, daß Quirls Wochenblatt
Heut um ein Heft gewonnen hat,
Und hörtet doch den Stadtausrufer sagen,
Daß Brod und Rindfleisch aufgeschlagen!

O.

45
Die schlimmen Monarchen

Euren Preiß erklimme meine Leyer —
Erdengötter — die der süsen Feyer
Anadyomenens sanft nur klang;
Leiser um das pompende Getöse,
Schüchtern um die Purpurflammen eurer Gröse
Zittert der Gesang.

Redet! soll ich goldne Saiten schlagen,
Wenn, vom Jubelruf empor getragen,
Euer Wagen durch den Wahlplaz rauscht?
Wenn ihr, schlapp vom eisernen Umarmen,
Schwere Panzer mit den weichen Rosenarmen
Eurer Phrynen tauscht? —

Soll vielleicht im Schimmer goldner Raifen,
Götter, euch die kühne Hymne greifen,
Wo, in mystisch Dunkel eingemummt,
Euer Spleen mit Donnerkeilen tändelt,
Mit Verbrechen eine Menschlichkeit bemäntelt,
Bis — das Grab verstummt?

44 Anth. s. 198
45 Anth. s. 244—250

Sing ich Ruhe unter Diademen?
Soll ich, Fürsten, eure Träume rühmen? —
Wenn der Wurm am Königsherzen zehrt,
Weht der goldne Schlummer um den Mohren,
Der den Schaz bewacht an des Pallastes Thoren
Und — ihn nicht begehrt.

Zeig, o Muse, wie mit Rudersklaven
Könige auf einem Polster schlafen,
Die gelöschten Blize freundlich thun,
Wo nun nimmer ihre Launen foltern,
Nimmer die Theaterminotaure poltern,
Und — die Löwen ruhn.

Auf! Betaste mit dem Zaubersiegel,
Hekate, des Gruftgewölbes Riegel!
Horch! die Flügel donnern jach zurük!
Wo des Todes Odem dumpfig säuselt,
Schauerluft die starren Loken aufwärts kräuselt,
Sing ich — Fürstenglük. — —

Hier das Ufer? — Hier in diesen Grotten
Stranden eurer Wünsche stolze Flotten?
Hier — wo eurer Gröse Flut sich stößt?
Ewig nie dem Ruhme zu erwarmen,
Schmiedet hier die Nacht mit schwarzen Schauerarmen
Potentaten fest.

Traurig funkelt auf dem Todenkasten
Eurer Kronen, der umperlten Lasten,
Eurer Szepter undankbare Pracht.
Wie so schön man Moder übergoldet!
Doch nur Würmer werden mit dem Leib besoldet,
Dem — die Welt gewacht.

Stolze Pflanzen in so niedern Beeten!
Seht doch! — wie mit welken Majestäten
Garstig spaßt der unverschämte Tod!
Die durch Nord und Ost und West geboten —
Dulden sie des Unholds ekelhafte Zoten,
Und — kein Sultan droht?

Springt doch auf, ihr störrige Verstummer!
Schüttelt ab den tausendpfundgen Schlummer!
Siegespauken trommeln aus der Schlacht;
Höret doch, wie hell die Zinken schmettern!
Wie des Volkes wilde Vivat euch vergöttern!
Könige, erwacht!

Siebenschläfer! — o, so hört die hellen
Hörner klingen und die Doggen bellen!
Tausendrörigt knallt das Jagdenfeu'r;
Muntre Rosse wiehern nach dem Forste,
Blutig wälzt der Eber seine Stachelborste,
Und — der Sieg ist eu'r!

Was ist das? — Auch Fürsten schweigen selber?
Neunfach durch die heulenden Gewölber
Spottet mir ein schleifend Echo nach —
Hört doch nur den Kammerjunker düßeln:
Euch beehrt Madonna mit geheimen Schlüsseln
In — ihr Schlafgemach!

Keine Antwort — Ernstlich ist die Stille —
Fällt denn auch auf Könige die Hülle,
Die die Augen des Trabanten dekt? —
Und ihr fodert Anbetung in Asche,
Daß die blinde Meze *Glük* in eure Tasche
Eine — Welt gestekt?

Und ihr rasselt, Gottes Riesenpuppen,
Hoch daher in kindischstolzen Gruppen,
Gleich dem Gaukler in dem Opernhaus? —
Pöbelteufel klatschen dem Geklimper,
Aber weinend zischen den erhabnen Stümper
Seine Engel aus.

Ins Gebiet der leiseren Gedanken
Würden — überwänden sie die Schranken —
Schlangenwirbel eure Mäkler drehn;
Lernt doch, daß, die euren zu entfalten,
Blike, die auch Pharisäerlarven spalten,
Von dem Himmel sehn.

Prägt ihr zwar — Hohn ihrem falschen Schalle! —
Euer Bild auf lügende Metalle,
Schnödes Kupfer adelt ihr zu Gold —
Eure Juden schachern mit der Münze —
Doch wie anders klingt sie über jener Gränze,
Wo die Waage rollt!

Deken euch Seraile dann und Schlösser,
Wann des Himmels fürchterlicher Presser
An des grosen Pfundes Zinsen mahnt?
Ihr bezahlt den Bankerott der Jugend
Mit Gelübden und mit *lächerlicher Tugend*,
Die — Hanswurst erfand.

Berget immer die erhabne Schande
Mit des *Majestätsrechts* Nachtgewande!
Bübelt aus des Thrones Hinterhalt!
Aber zittert für des Liedes Sprache,
Kühnlich durch den Purpur bohrt der Pfeil der Rache
Fürstenherzen kalt!

Y.

46

Graf Eberhard der Greiner von Wirtemberg

Kriegslied

Ihr — ihr dort aussen in der Welt,
Die Nasen eingespannt!
Auch manchen Mann, auch manchen Held,
Im Frieden gut und stark im Feld,
Gebahr das Schwabenland.

Prahlt nur mit Karl und Eduard,
Mit Fridrich, Ludewig.
Karl, Fridrich, Ludwig, Eduard
Ist uns der Graf, der Eberhard,
Ein Wettersturm im Krieg.

Und auch sein Bub, der Ulerich,
War gern, wo's eisern klang;
Des Grafen Bub, der Ulerich,
Kein Fußbreit rükwärts zog er sich,
Wenns drauf und drunter sprang.

Die Reutlinger, auf unsern Glanz
Erbittert, kochten Gift
Und bulten um den Siegeskranz
Und wagten manchen Schwerdertanz
Und gürteten die Hüft —

Er grif sie an — und siegte nicht
Und kam gepantscht nach Haus;
Der Vater schnitt ein falsch Gesicht,
Der junge Kriegsmann floh das Licht,
Und Thränen drangen raus.

Das wurmt ihm — Ha! Ihr Schurken, wart!
Und trugs in seinem Kopf.
Auswezen, bei des Vaters Bart!
Auswezen wollt er diese Schart
Mit manchem Städtlerschopf.

Und Fehd entbrannte bald darauf,
Und zogen Roß und Mann
Bei Döffingen mit hellem Hauf,
Und heller gings dem Junker auf,
Und hurra! heiß gings an.

Und unsers Heeres Losungswort
War die verlohrne Schlacht:
Das riß uns wie die Windsbraut fort,
Und schmiß uns tief in Blut und Mord
Und in die Lanzennacht.

Der junge Graf voll Löwengrimm
Schwung seinen Heldenstab,

---

46 Anth. s. 251—256

Wild vor ihm ging das Ungestüm,
Geheul und Winseln hinter ihm,
Und um ihn her das Grab.

Doch weh! ach weh! ein Säbelhieb
Sunk schwer auf sein Genik,
Schnell um ihn her der Helden Trieb –
Umsonst! umsonst! erstarret blieb
Und sterbend brach sein Blik.

Bestürzung hemmt des Sieges Bahn,
Laut weinte Feind und Freund –
Hoch führt der Graf die Reuter an:
Mein Sohn ist wie ein andrer Mann!
Marsch, Kinder! In den Feind!

Und Lanzen sausen feuriger,
Die Rache spornt sie all,
Rasch über Leichen gings daher,
Die Städtler laufen kreuz und queer
Durch Wald und Berg und Thal.

Und zogen wir mit Hörnerklang
Ins Lager froh zurük,
Und Weib und Kind im Rundgesang
Beim Walzer und beim Becherklang
Lustfeyren unser Glük.

Doch unser Graf – was thät er izt? –
Vor ihm der todte Sohn –
Allein in seinem Zelte sizt
Der Graf, und eine Thräne blizt
Im Aug auf seinen Sohn.

Drum hangen wir so treu und warm
Am Grafen, unserm Herrn.
Allein ist er ein Heldenschwarm,
Der Donner ras't in seinem Arm,
Er ist des Landes Stern.

Drum, ihr dort aussen in der Welt,
Die Nasen eingespannt!
Auch manchen Mann, auch manchen Held,
Im Frieden gut und stark im Feld,
Gebahr das Schwabenland.

W. D.

47

Baurenständchen

Mensch! Ich bitte, guk heraus!
Kleken nicht zwo Stunden,
Steh ich so vor deinem Haus,
Stehe mit den Hunden.

---

47 Anth. s. 260—262

S' regnet, was vom Himmel mag,
S' g'wittert wie zum jüngsten Tag!
Pudelnaß die Hosen!
Platschnaß Rok und Mantel, ey!
Rok und Mantel nagelneu,
Alles dieser Loosen!
Draussen, draussen Sauß und Brauß!
Mensch! ich bitte, guk heraus!

Ey zum Henker! guk heraus!
Löscht mir die Laterne —
Weit am Himmel Nacht und Grauß,
Weder Mond noch Sterne!
Stoß ich schier an Stein und Stok,
Reisse Wams und Ueberrok,
Ach, daß Gott erbarme!
Heken, Stauden rings umher,
Gräben, Hügel kreuz und queer,
Breche Bein und Arme!
Draussen, draussen Nacht und Grauß!
Ey zum Henker! guk heraus!

Ey zum Teufel! guk heraus!
Höre mein Gesuche!
Beten, Singen geht mir aus,
Willst du, daß ich fluche?
Muß ich doch ein Hans Dampf seyn,
Frör ich nicht zu Stein und Bein,
Wenn ich länger bliebe?
Liebe, das verdank ich dir,
Winterbeulen machst du mir,
Du vertrakte Liebe!
Draussen, draussen Kalt und Grauß!
Ey zum Teufel! guk heraus!

Donner alle! Was ist das,
Das vom Fenster regnet?
Garstige Hexe, kothignaß
Hast mich eingeseegnet!
Regen, Hunger, Frost und Wind
Leid ich für das Teufelskind,
Werde noch gehudelt!
Wetter auch! Ich pake mich!
Böser Dämon, tummle dich,
Habe satt gedudelt!
Draussen, draussen Sauß und Brauß!
Fahre wohl — Ich geh nach Haus!

W. D.

48

Die Winternacht

Ade! Die liebe Herrgottssonne gehet,
  Grad über tritt der Mond!
Ade! Mit schwarzem Rabenflügel wehet
  Die stumme Nacht ums Erdenrund.

Nichts hör ich mehr durchs winternde Gefilde,
  Als tief im Felsenloch
Die Murmelquell, und aus dem Wald das wilde
  Geheul des Uhus hör ich noch.

Im Wasserbette ruhen alle Fische,
  Die Schneke kriecht ins Dach,
Das Hündchen schlummert sicher unterm Tische,
  Mein Weibchen nikt im Schlafgemach.

Euch, Brüderchen von meinen Bubentagen,
  Mein herzliches Willkomm!
Ihr sizt vielleicht mit traulichem Behagen
  Um einen teutschen Krug herum.

Im hochgefüllten Dekelglase malet
  Sich purpurfarb die Welt,
Und aus dem goldnen Traubenschaume stralet
  Vergnügen, das kein Neid vergällt.

Im Hintergrund vergangner Jahre findet
  Nur Rosen euer Blik,
Leicht wie die blaue Knasterwolke schwindet
  Der trübe Gram von euch zurük.

Vom Schaukelgaul bis gar zum Doktorhute
  Stört ihr im Zeitbuch um
Und zählt nunmehr mit federleichtem Mute
  Schweißtropfen im Gymnasium.

Wie manchen Fluch — noch mögen unterm Boden
  Sich seine Knochen drehn —
Terenz erpreßt, troz Herrn Minellis Noten,
  Wie manch verzogen Maul gesehn.

Wie ungestüm dem grimmen Landexamen
  Des Buben Herz geklopft;
Wie ihm, sprach izt der Rektor seinen Namen,
  Der helle Schweiß aufs Buch getropft —

Wohl redt man auch von einer — e — gewissen —
  Die sich als F r a u nun spreißt,

---

48 Anth. s. 268—271

Und mancher will der Leker baß nun wissen,
Was doch ihr Mann baß — gar nicht weißt —

Nun ligt diß all im Nebel hinterm Rüken,
Und Bube heißt nun Mann,
Und Fridrich schweigt der weiseren Perüken,
Was einst der kleine Friz gethan —

Man ist — Poz gar! — zum Doktor ausgesprochen,
Wohl gar — beim Regiment!
Und hat vielleicht, doch nicht zu früh, gerochen,
Daß Plane — Saifenblasen sind.

Hauch immer zu — und laß die Blasen springen;
Bleibt nur diß Herz noch ganz!
Und bleibt mir nur — errungen mit Gesängen —
Zum Lohn ein teutscher Lorbeerkranz!

†.

ANHANG

I

[Widmung der Anthologie. bl. 2—4]

Meinem Prinzipal,
dem Tod,
zugeschrieben.

Großmächtigster Czar alles Fleisches,
Allezeit Vermindrer des Reichs,
Unergründlicher Nimmersatt in der ganzen Natur!

Mit unterthänigstem Hautschauern unterfange ich mich, deiner gefräßigen Majestät klappernde Phalanges zu küssen und dieses Büchlein vor deinem dürren Kalkaneus in Demut niederzulegen. Meine Vorgänger haben immer die Weise gehabt, ihre Sächlein und Päklein, dir gleichsam recht vorsezlich zum Aerger, hart an deiner Nase vorbei ins Archiv der Ewigkeit transportiren zu lassen, und nicht gedacht, daß sie dir eben dadurch um so mehr das Maul darnach wässern machten, denn auch an dir wird das Sprüchwort nicht zum Lügner: Gestohlen Brod schmeckt gut. Nein! dediziren will ich dir's lieber, so bin ich doch gewiß, daß du's — weit weglegen werdest.

Doch Spaß beiseite! — Ich denke, wir zween kennen uns genauer, denn nur vom Hörensagen. Einverleibt dem äskulapischen Orden, dem Erstgebornen aus der Büchse der Pandora, der so alt ist als der Sündenfall, bin ich gestanden an deinem Altare, habe, wie der Sohn Hamilkars den sieben Hügeln, geschworen unsterbliche Fehde deiner Erbfeindin Natur, sie zu belagern mit Medikamenten Heereskraft, eine Wagenburg zu schlagen um die Stahlische Seele, aus dem Feld zu schlagen mit Sturm die Trozige, die deine Sporteln schmälert und deine Finanzen schwächt, und auf dem Wahlplaz des Archaeus hoch zu bäumen deine mitternächtliche Kreuzstandarte. — Dafür nun (denn eine Ehre ist werth der andern) wirst du mir auswürken den köstlichen T a l i s m a n, der mich mit heiler Haut und ganzer Wolle an Galgen und Rade vorübergeleitet —

Jusque datum sceleri —

Ey ja doch! Thue das, goldiger Maezenas; denn siehst du, ich möchte doch nicht gern, daß mirs gienge wie meinen tollkühnen Kollegen und Vettern, die mit Stilet und Sakpuffer bewaffnet in finstern Hohlwegen Hof halten oder im unterirrdischen Laboratorium das Wunderpolychrest mischen, das, wenns hübsch fleißig genommen wird, unsere politische Nasen über kurz oder lang mit Thronvakaturen und Staatsfiebern kizelt. — D'Amiens und Ravaillac! — Hu! hu! hu! — Es ist ein gut Ding um gerade Glieder!

Ob du auch deinen Zahn auf Ostern und Michaelis gewezt hast? — Die grose Bücherepidemie in Leipzig und Frankfurt! — Juch heisa, Dürrer! — wird ein königlich Fressen geben! Deine fertigen Mäkler, Völlerey und Brunst, liefern dir ganze Frachten aus dem Jahrmarkt des Lebens. — Selbst der Ehrgeiz, dein Großpapa, Krieg, Hunger, Feuer und Pest, deine gewaltigen Jäger, haben dir schon so manche fette Menschenklopfjagd gehalten — Geiz und Golddurst, deine mächtigen Kellermeister, trinken dir ganze schwimmende Städte im sprudelnden Kelch des Weltmeers zu. — Ich weiß in Europa eine Küche, wo man dir die raresten Gerichte mit Festtagsgepränge auf die Tafel gesezt hat — Und doch — wer hat dich je satt gesehen oder über Indigestionen klagen gehört? — Eisern ist deine Verdauung, grundlos deine Gedärme!

Puh — Ich hätte dir noch so manches zu sagen, aber ich tummle mich, daß ich wegkomme — Du bist ein garstiger Schwager — Geh — Du machst dir Rechnung, höre ich, eine Generalcollazion zu erleben, wo dir Groß und Klein, Weltkugeln und Lexika, Philosophieen und Puzwerk in Rachen fliegen sollen — Guten Appetit, wenns so weit kommt! — Doch, Hungerwolf der du bist! siehe zu, daß du dich da nicht übereßest und deinen ganzen Fraß haarklein wiedergeben müssest, wie dir's ein gewisser Athenienser, der dir gar nicht wohl will, prophezeyht hat.

Y.

II

[Vorrede zur Anthologie. bl. 5. 6]

Tobolsko den 2. Februar.

— Tum primum radiis gelidi incaluere Triones. —

„Blumen in Sibirien? — Dahinter steckt eine Schelmerey, oder die Sonne muß Front gegen Mitternacht machen." — Und doch — wenn ihr euch auf den Kopf stelltet! Es ist nicht anders! — Wir haben lange genug Zobel gefangen, laßt's uns einmal auch mit Blumen versuchen. Sind nicht schon Europäer genug zu uns Stiefsöhnen der Sonne gekommen und durch unsern hundertjährigen Schnee gewatet, irgend ein bescheidenes Blümchen zu pflüken? Schande unsern Ahnen — wir wollen sie selbst sammeln und einen ganzen Korb voll nach Europa frankiren. — Zertretet sie nicht, ihr Söhne des milderen Himmels!

Aber im Ernst zu reden — Das eiserne Gewicht des widrigen Vorurtheils, das schwer über dem Norden brütet, von der Stelle zu räumen, foderte einen stärkeren Hebel, als den Enthusiasmus einiger wenigen, und auch ein festeres Hypomochlion, als die Schultern von zween oder drey Patrioten. Doch wenn schon auch diese Anthologie euch lekerhafte Europäer so wenig als — wenn ich den Fall seze — unser Musenalmanach, den wir — wenn ich ja den Fall sezen wollte — hätten können geschrieben haben, mit uns Schneemännern versöhnen wird, so bleibt ihr doch mindestens das Verdienst, Hand in Hand mit ihren Kamerädinnen im weitentlegenen Teutschland dem ausröchelnden Geschmak den G'nikfang geben zu helfen, wie wir Tobolskianer zu sprechen belieben.

Wenn eure Homere im Schlaf reden, und eure Herkules Müken mit ihren Keulen erschlagen — Wenn jeder, der seinen bezahlten Schmerz in Leichenalexandriner auszutropfen versteht, das für eine Vokazion auf den Helikon auslegt — wird man uns Nordländern verdenken, mitunter auch in den Leyerklang der Musen zu klimpern? Eure Matadore wollen Silbergeld gemünzt haben, wenn sie ihr Brustbild auf elendes Meßing prägten; — und zu Tobolsko werden die Falschmünzer aufgehangen. Zwar möcht ihr oft auch bei uns Papiergeld statt rußischen Rubels finden, aber Krieg und theure Zeit entschuldigen alles.

So geh dann hin, Sibirische Anthologie — Geh — du wirst manchen Süßling beseeligen, wirst von ihm auf den Nachttisch seiner Herzeinzigen gelegt werden und zum Dank ihre *alabasterne Lilienschneehand* seinem zärtlichem Kuß verrathen. — Geh — du wirst in den Aßembleen und Stadtvisiten manchen gähnenden Schlund der Langenweile ausfüllen und vielleicht eine Circassienne ablösen, die sich im Plazregen der Lästerung müde gestanden hat. — Geh — du wirst die Küche mancher Kritiker berathen; sie werden dein Licht fliehen und sich gleich den Käuzlein in deinen Schatten zurükziehen. — Hu hu hu! — Schon hör ich das ohrzerfezende Geheule im unwirthbaren Forst und hülle mich angstvoll in meinen Zobel.

Y.

III

[Schillers selbstrezension in dem 'Wirtembergischen Repertorium der Litteratur' 1782. Erstes stück. s. 214—216]

Anthologie auf das Jahr 1782.

gedrukt in einer Buchdrukerei zu Tobolsko. Mit einem schönen Apollokopf. 18 Bogen. 8v.

Schon wieder eine wirtembergische Blumenlese? — Sie wachsen nach wie die *Köpfe der Hydra*! Kaum haben wir einen Kopf von den Schultern gespielt, husch! springt schon ein zweiter, grosser und troziger, aus dem Rumpfe. — Und eine Anthologie aus Tobolsko! Auf was doch die Herren Entrepreneurs nicht alle verfallen! Auch den Norden verschonen sie nicht und beschmuzen das schuldlose Sibirien mit ihrer poetischen Dinte. Warum der Anthologist sein Vaterland verläugnet, mag *er* wissen. Sonst trompetet er sich mit einem ziemlich brutalen Motto voraus, wenn es anders nicht Anspielung ist: „Tum primum radiis gelidi incaluere Triones". In der Vorrede wird verhoffentlich über die andern Musensammlungen (doch hie und da nicht mit Unrecht) geschimpft und auf den schwäbischen Almanach, als den Amtsbruder, spöttisch geschielt. Der Herausgeber mag dem Herrn Stäudele nicht hold seyn und zupft ihn, wo er kann; mag er recht haben oder nicht, uns mißfällt diese beiderseits läppische Zänkerei. Das Buch wird dem *Tod* zugeschrieben, und der Autor verräth sich, daß er ein Arzt ist.

Die Gedichte selbst sind nicht *alle* von den gewöhnlichen; acht *an Laura* gerichtet, in einem eigenen Tone, mit brennender Fantasie und tiefem Gefühl geschrieben, unterscheiden sich vortheilhaft von den übrigen. Aber überspannt sind sie alle und verrathen eine allzuunbändige Imagination; hie und da bemerke ich auch eine schlüpfrige sinnliche Stelle in platonischen Schwulst verschleyert. Das Gedicht an Rousseau, die Elegie auf einen Jüngling, an die Sonne, an Gott, Grösse der Welt, in einer Bataille, die Freundschaft, Fluch eines Eifersüchtigen, die schlimmen Monarchen u. s. f. enthalten starke, kühne und wahrpoetische Züge. Zärtlichweich und gefühlvoll sind die Kindsmörderin, der Triumf der Liebe (wahrscheinlich auf Veranlassung der Nachtfeier der Venus von Bürger geschrieben), an mein Täubchen, an Minna, Morgenfantasie, der Unterschied, an Fanny, an den Frühling. In einigen andern, als z. E. dem Fragment an einen Moralisten, vorzüglich den Kastraten und Männern, der Vergleichung und einigen Sinngedichten fällt ein schlüpfriger Wiz und petronische Unart auf. Einige darunter sind launisch und satyrisch, als Bacchus im Triller, der hypochondrische Pluto, die Rache der Musen, Baurenständchen u. s. f. Doch sehr oft ist der Wiz auch gezwungen und ungeheuer. Im ganzen sind fast alle Gedichte zu lang, und der Kern des Gedankens wird von langweiligen Verzierungen überladen und erstikt. Die meisten der Sinngedichte scheinen mehr da zu seyn, die Lüken zwischen grössern auszufüllen, und sagen nichts. Der wirthschaftliche Tod, an den Galgen zu schreiben, Spinoza, die alten und neuen und einige wenige sind treffend und gut. Auch merke ich, daß sich ein Verfasser hinter mehrere Anfangsbuchstaben verschanzt hat. Er hat bei manchen Gedichten wohl gethan, aber sogar fein ist dieses Stratagem eben nicht ausgefallen. Viele Stellen sind von edelm Freiheitsgeiste belebt, und feile Lobreden findet man hier nicht. Eine strengere Feile wäre indeß durchaus nöthig gewesen, und überhaupt unter den Gedichten selbst eine strengere Wahl — aber das Buch mußte eben dick werden und seine achtzehn Bögen haben, was kümmert es den Anthologisten, ob er unter die Narzissen und Nelken auch hie und da Stinkrosen und Gänseblumen bindet? — Dessen ungeachtet hat diese Sammlung manche ihrer Schwestern in Schatten gestellt, und zu wünschen wäre es immer, daß Teutschland mit keiner schlechtern heimgesucht würde. Möchten sich doch unsere junge Dichter überzeugen, daß Ueberspannung nicht Stärke, daß Verlezung der Regeln des Geschmaks und des Wohlstands nicht Kühnheit und Originalität, daß Fantasie nicht Empfindung, und eine hochtrabende Ruhmredigkeit der Talisman nicht sey, von welchem die Pfeile der Kritik splitternd zurükprellen! — möchten sie zu den alten Griechen und Römern wieder in die Schule gehen und ihren bescheidenen Kleist, Uz und Gellert wieder zur Hand nehmen! — möchten sie — doch was sollten sie nicht alle mögen! Unsere modischen Skribenten wissen gar zu gut, was sie dem gegenwärtigen Geschmak auftischen müssen, um Entree zu bekommen. — Diese Anthologie scheint sich jedoch, wenn sie die Absicht, jedermänniglich zu gefallen, hätte, schlimm betrogen zu finden: denn der darinn herrschende Ton ist durchaus zu eigen, zu tief und zu männlich, als daß er unsern zukersüssen Schwäzern und Schwäzerinnen behagen könnte.

Gz.

IV

[Vorrede des verlegers Metzler zur zweiten auflage 1798]

Anthologie auf das Jahr 1872. Herausgegeben von Friedrich Schiller. Stuttgart, bei Johann Benedikt Mezler. [1798.] 8°. 9 bl. + 271 s.

[Vorrede des verlegers. bl. 2:]

Schiller, dessen Namen der Deutsche, wie die Namen Klopstock, Göthe und Wieland mit patriotischem Stolz' und Ehrerbietung ausspricht, gründete seinen Ruhm schnell und auf immer. Nächstens erhalten wir an seinem Wallenstein ein neues Meisterwerk. Wenn nun auch die frühsten Begeisterungs-Produkte eines vortreflichen Schriftstellers überhaupt an sich und besonders in so fern stets merkwürdig bleiben, als die Leser schon in den frühesten Jünglings-Versuchen das „os magna sonaturum“ erkennen und nur desto mehr staunen müssen, wie rasch und zu welcher Höhe sich sein Genius aufschwang; so hoft der Verleger der Schillerischen Anthologie auf das Jahr 1782. den Dank des Publikums zu verdienen, wenn er sie unter ihrer wahren Firma in den Buchhandel bringt, und so die vielen Liebhaber des langen Fragens und Suchens von diesem Buch, das wegen des verschwiegenen Namens des Herausgebers und des erdichteten Drukorts nicht allgemein bekannt worden ist, mit Einemmal' überhebt. Vorzüglich die mit M. P. Wd. und Y. bezeichneten Gedichte sind von Schiller. Vielleicht findet der Herr Verfasser mehrere derselben der Aufnahme in eine künftige Sammlung seiner Werke nicht unwürdig.

Ostermesse 1798.

V

Die verfasser der Anthologie

a) Chiffern

A. Schiller
B. Schubart[1]
Bn. Petersen
C. Petersen
G. Haug
H. . . Hoven
Ha. Haug
Hr. Hoven
L. Petersen
M. Schiller
O. Schiller
P. Petersen
v.R. Schiller
Rr. Schiller
T. Schubart der sohn
U. Haug
W. Schiller
W.D. Schiller
X. Abel
Y. Schiller
Z. Petersen
*. Schiller
†. Schiller

b) Namen

Abel: X.
Haug: G. Ha. U.
Hoven: H. . . Hr.
Petersen: Bn. C. L. P. Z.
Schiller: A. M. O. v.R. Rr. W. W.D. X. Y. *. †.
Schubart: B.
Schubart der sohn: T.

1) Dagegen neuerdings: NESTRIEPKE, Schubart als Dichter. Pössneck 1910. s. 225 f., ohne aber eine neue lösung gefunden zu haben.

Register der gedichtanfänge

Inhalt